China: A Great Countr

中国那个地方（一）

in the East （Ⅰ）

Homeland of the Dragon

龙的故乡

编写 张英
英译 傅勇

北京语言大学出版社

前 言

　　《中国那个地方》画册是中国国家对外汉语教学领导小组办公室委托北京语言大学出版社编辑出版的向海外华裔子女介绍中国基本情况的课外读物。本书分四册：

　　　　第一册　《龙的故乡》介绍中国概况；
　　　　第二册　《华夏春秋》介绍中国历史文化人物；
　　　　第三册　《九州名胜》介绍中国自然和文化名胜；
　　　　第四册　《中华物产》介绍中国特有物产。

　　本书配有汉语拼音和英文译文，图片采自中国《人民画报》社和中国图片网。

北京语言大学出版社

作者简介

张英 女 北京大学对外汉语教育学院教师 本书撰稿人

傅勇 男 北京语言大学外国语学院教师 本书英文译者

目 录
Table of Contents

第1课　中国在哪儿?(4)
　　　　Where is China Situated?

第2课　中国有多大?(6)
　　　　How Big is China?

第3课　五星红旗(8)
　　　　The Five-Star Red Flag

第4课　国徽上的图案(10)
　　　　The Design of the National Emblem

第5课　义勇军进行曲(12)
　　　　March of the Volunteers

第6课　首都北京(14)
　　　　The Capital City of Beijing

第7课　中国有多少人口(16)
　　　　How Large is China's Population?

第8课　汉语(18)
　　　　The Chinese Language

第9课　汉字(20)
　　　　The Chinese Characters

第10课　方言和普通话(22)
　　　　Dialects and *Putonghua*

第11课　中国的少数民族(24)
　　　　Chinese Minorities

第12课　中国的邻居（26）
Neighboring Countries of China

第13课　三个阶梯（28）
A Three-step Staircase

第14课　三大平原（30）
The Three Major Plains

第15课　四大高原（32）
The Four Major Plateaus

第16课　四大盆地（34）
The Four Major Basins

第17课　四大海区（36）
The Four Major Seas

第18课　两大岛屿（38）
The Two Major Islands

第19课　珠穆朗玛峰（40）
Mount Qomolangma

第20课　长江和黄河（42）
The Yangtze River and the Yellow River

第21课　两大湖泊分布区（44）
The Two Major Lake Areas

第22课　中国的气候（46）
The Climate of China

第23课　中国的自然资源（48）
China's Natural Resources

第 24 课　中国的行政区(50)
　　　　　Administrative Divisions of China

第 25 课　中国的铁路(52)
　　　　　The Railway in China

第 26 课　京杭大运河(54)
　　　　　The Grand Canal

第 27 课　深圳(56)
　　　　　The City of Shenzhen

第 28 课　上海浦东经济区(58)
　　　　　The Pudong New Development Zone in Shanghai

第 29 课　东方之珠——香港(60)
　　　　　Hong Kong: A Bright Pearl of the East

第 30 课　宝岛台湾(62)
　　　　　Taiwan: the Treasure Island

第 31 课　澳门(64)
　　　　　Macao

第 32 课　三峡水利枢纽工程(66)
　　　　　The Three Gorges Water Conservancy Key Project

第 33 课　西部大开发(68)
　　　　　The Development of Western Region

第 34 课　中国核电(70)
　　　　　China's Nuclear Power Industry

第 35 课　中国航天(72)
　　　　　China's Aerospace Industry

第1课　中国在哪儿？

中国　位于　太平洋　西岸，形状　　像　一只　大公鸡。中国　是
Zhōngguó wèiyú Tàipíngyáng xī àn, xíngzhuàng xiàng yì zhī dà gōngjī. Zhōngguó shì
世界　四大　文明　古国　之一，有着　几千　年　的文明　　史。中国　是
shìjiè sì dà wénmíng gǔguó zhīyī, yǒu zhe jǐ qiān nián de wénmíng shǐ. Zhōngguó shì
亚洲　国土　面积　最大　的国家，有　960 万　平方　　公里。中国　　也是 世界
Yàzhōu guótǔ miànjī zuì dà de guójiā, yǒu 960 wàn píngfāng gōnglǐ. Zhōngguó yě shì shìjiè
人口　最多　的国家，有 13 亿 人口。中国　是世界上　　所有 炎黄　子孙
rénkǒu zuì duō de guójiā, yǒu 13 yì rénkǒu, Zhōngguó shì shìjiè shang suǒyǒu Yán-Huáng zǐsūn
的 故乡。
de gùxiāng.

Where is China Situated?

China, situated on the west coast of the Pacific Ocean, is one of the Four Ancient Civilized Countries in the world, with a history of a few thousands of years. China is also the most populous country on the earth, with a population of about 1.3 billion. The largest country in Asia, China has a territory of 9.6 million square kilometers. China is known as the home of all the descendants of Yan Di and Huang Di.

HOMELAND OF THE DRAGON

中国在世界的位置

第2课 中国有多大？

中国 的 陆地 总 面积 是 960 万 平方 公里，在 世界 各国 中，
Zhōngguó de lùdì zǒng miànjī shì 960 wàn píngfāng gōnglǐ, zài shìjiè gèguó zhōng,
面积 仅 次于 俄罗斯、加拿大，居第三 位，差不多 与 整个 欧洲 的 面积
miànjī jǐn cìyú Éluósī, Jiānádà, jū dì-sān wèi, chàbuduō yǔ zhěnggè Ōuzhōu de miànjī
相等。
xiāngděng.

How Big is China?

The third largest country in the world, next to Russia and Canada, China has a territory of 9.6 million square kilometers —— almost the size of Europe.

HOMELAND OF THE DRAGON

中国的面积

第 3 课　五星红旗

五星红旗是中华人民共和国的国旗。在中国驻外代表机构，你首先看到的就是五星红旗。每天早晨，北京天安门广场都要举行升旗仪式。

Wǔxīng Hóngqí shì Zhōnghuá Rénmín Gònghéguó de guóqí. Zài Zhōngguó zhùwài dàibiǎo jīgòu, nǐ shǒuxiān kàndào de jiù shì Wǔxīng Hóngqí. Měitiān zǎochén, Běijīng Tiān'ānmén guǎngchǎng dōu yào jǔxíng shēngqí yíshì.

The Five-Star Red Flag

The national flag of the People's Republic of China is the five-star red flag, which is the most noticeable thing you see at the Chinese institutions stationed abroad. Every morning, there is a solemn ceremony of raising the national flag in Tian'anmen Square.

HOMELAND OF THE DRAGON

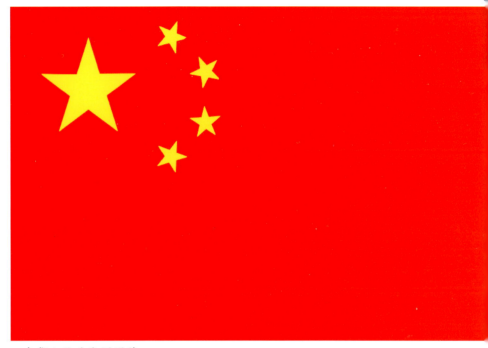

中华人民共和国国旗

第4课　国徽上的图案

不论 你 在 哪个 国家 居住，只要 你 走进 中国 大使馆，都 能 看到
Búlùn nǐ zài nǎge guójiā jūzhù, zhǐyào nǐ zǒujìn Zhōngguó dàshǐguǎn, dōu néng kàndào
五星 红旗 和 中华 人民 共和国 国徽。
Wǔxīng Hóngqí hé Zhōnghuá Rénmín Gònghéguó guóhuī.
中国 的 国徽 是 由 国旗、天安门、齿轮 和 麦穗 几种 图形 组成 的。
Zhōngguó de guóhuī shì yóu guóqí, Tiān'ānmén, chǐlún hé màisuì jǐzhǒng túxíng zǔchéng de.

The Design of the National Emblem

In whatever country you live, as soon as you enter the Chinese Embassy, you will see the national flag and the national emblem.

The national emblem depicts Tian'anmen (the Gate of Heavenly Peace) at the center, illuminated by the five stars from the national flag and encircled by ears of wheat and a cogwheel.

HOMELAND OF THE DRAGON

中华人民共和国国徽

11

第5课 义勇军进行曲

1931年，日本侵占中国东北，东北人民组织抗日义勇军
1931 nián, Rìběn qīnzhàn Zhōngguó dōngběi, dōngběi rénmín zǔzhī kàngrì yìyǒngjūn
抗击日寇。《义勇军进行曲》就是这时诞生的。1949年，中华人民
kàngjī rìkòu. 《Yìyǒngjūn Jìnxíngqǔ》jiù shì zhèshí dànshēng de. 1949 nián, Zhōnghuá Rénmín
共和国成立时，《义勇军进行曲》被定为代国歌。后来，这首《义勇军
Gònghéguó chénglì shí, 《Yìyǒngjūn Jìnxíngqǔ》 bèi dìngwéi dàiguógē. Hòulái, zhè shǒu 《Yìyǒngjūn
进行曲》又被正式定为中华人民共和国国歌。
Jìnxíngqǔ》 yòu bèi zhèngshì dìngwéi Zhōnghuá Rénmín Gònghéguó guógē.

March of the Volunteers

In 1931, the Japanese invaders occupied Northeast China. The Northeastern Chinese people organized an Anti-Japanese Army of Volunteers to fight against the foreign aggression. It was in such a situation that the March of the Volunteers was created. In 1949 when the People's Republic of China was founded, the song was tentatively accepted and used as the anthem. It was later officially approved as the national anthem.

HOMELAND OF THE DRAGON

《义勇军进行曲》曲作者聂耳、词作者田汉

第 6 课　首都北京

中国的首都是北京。北京人口一千多万，是中国政治、
Zhōngguó de shǒudū shì Běijīng. Běijīng rénkǒu yìqiān duō wàn, shì Zhōngguó zhèngzhì、
经济、文化的中心。1949 年 10 月 1 日中华人民共和国成立，
jīngjì、wénhuà de zhōngxīn. 1949 nián 10 yuè 1 rì Zhōnghuá Rénmín Gònghéguó chénglì、
北京被定为新中国的首都。
Běijīng bèi dìngwéi xīn Zhōngguó de shǒudū.

　　北京有著名的天安门广场、紫禁城、天坛、颐和园、
　　Běijīng yǒu zhùmíng de Tiān'ānménguǎngchǎng、Zǐjìnchéng、Tiāntán、Yíhéyuán、
长城……
Chángchéng……

The Capital City of Beijing

　　Beijing is the capital of the People's Republic of China. It is the political, economic, and cultural center of China, home of over 10 million citizens. When the People's Republic of China was founded in 1949, it was restored to the status of capital.

　　There are many tourist spots in Beijing such as Tian'anmen Square, the Forbidden City, the Temple of Heaven, the Summer Palace, and the Great Wall.

HOMELAND OF THE DRAGON

天安门广场

第7课 中国有多少人口

在世界总人口中，每5个人中就有一个是中国人。根据
Zài shìjiè zǒng rénkǒu zhōng, měi 5 ge rén zhōng jiù yǒu yí ge shì Zhōngguó rén. Gēnjù
人口统计，仅中国大陆人口就达到了13亿。中国是世界上人口
rénkǒu tǒngjì, jǐn Zhōngguó dàlù rénkǒu jiù dádào le 13 yì. Zhōngguó shì shìjiè shang rénkǒu
最多的国家。中国政府一直致力于控制人口增长，提高人口
zuì duō de guójiā. Zhōngguó zhèngfǔ yìzhí zhìlì yú kòngzhì rénkǒu zēngzhǎng, tígāo rénkǒu
质量。
zhìliàng.

How Large Is China's Population?

For every five people on the earth one is Chinese. China has the largest population in the world. According to the census, the population on China's mainland has reached 1.3 billion. Therefore the Chinese government has always been struggling to control the number of population and to improve the quality of people.

HOMELAND OF THE DRAGON

逛庙会／罗伟 摄影

第8课 汉语

中国 是一个多民族 的 国家，一共 有 56个民族。其中 汉族 占
Zhōngguó shì yí ge duō mínzú de guójiā, yígòng yǒu 56 ge mínzú. Qízhōng Hànzú zhàn
总 人口 的92%，少数 民族 占 8%。散布 在 世界各地 的 华人， 绝大多数
zǒng rénkǒu de 92%, shǎoshù mínzú zhàn 8%. Sànbù zài shìjiè gèdì de huárén, jué dà duōshù
也 是 汉族。
yě shì Hànzú.

汉族 使用 汉语 和 汉字。汉语 和 汉字 是 把 所有 中华 民族 的 子孙
Hànzú shǐyòng Hànyǔ hé Hànzì. Hànyǔ hé Hànzì shì bǎ suǒyǒu Zhōnghuá mínzú de zǐsūn
联结 起来 的 纽带。
liánjié qǐlái de niǔdài.

The Chinese Language

China is a multi-national country comprising 56 ethnic groups. The Chinese language and characters usually refer to the standard language and its various dialects used by the Han nationality, which makes up 92 percent of China's population. Most of the overseas Chinese around the world are the Han nationality. The total population of all the other nationalities accounts for 8 percent.

The Chinese language and characters have become a link among all the Chinese in every part of the world.

HOMELAND OF THE DRAGON

学拼音／唐巍 摄影

第9课 汉字

汉字 是 汉族 人 记录 语言 的 文字。
Hànzì shì Hànzú rén jìlù yǔyán de wénzì.
中国 大陆 从 1956 年 开始 大 规模 简化 汉字。
Zhōngguó dàlù cóng 1956 nián kāishǐ dà guīmó jiǎnhuà Hànzì.
香港、 澳门、台湾 使用 的 也 是 汉字。但是, 一些 汉字 的 "面孔"
Xiānggǎng、Àomén、Táiwān shǐyòng de yě shì Hànzì. Dànshì, yìxiē Hànzì de "miànkǒng"
不太 一样。大陆 使用 的 是 经过 简化 了 的 汉字, 称为 简体字;港、 澳、
bùtài yíyàng. Dàlù shǐyòng de shì jīngguò jiǎnhuà le de Hànzì, chēngwéi jiǎntǐzì; Gǎng、Ào、
台 使用 的 汉字 是 没有 简化 的 汉字, 这些 汉字 的 笔画 比较 复杂, 所以
Tái shǐyòng de Hànzì shì méiyǒu jiǎnhuà de Hànzì, zhèxiē Hànzì de bǐhuà bǐjiào fùzá, suǒyǐ
称为 繁体字。
chēngwéi fántǐzì.

The Chinese Characters

The Chinese language is written in the form of symbols known as characters. In 1956, the Chinese government began to simplify Chinese characters, which greatly helped people to study Chinese culture and write Chinese characters. The mainland people today use jiantizi (simplified character), whereas fantizi (traditional unsimplified characters) are still preserved in Hong Kong, Macao, and Taiwan.

HOMELAND OF THE DRAGON

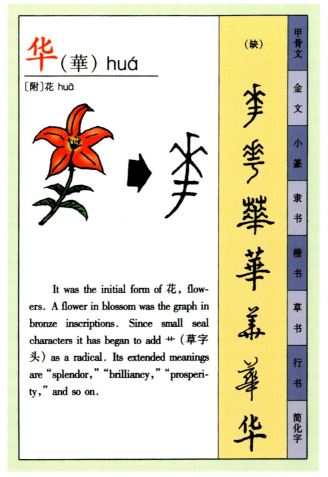

It was the initial form of 花, flowers. A flower in blossom was the graph in bronze inscriptions. Since small seal characters it has began to add 艹 (草字头) as a radical. Its extended meanings are "splendor," "brilliancy," "prosperity," and so on.

"华"字的演变

第10课 方言和普通话

中国 地域 辽阔，不同 的 地域 形成 了不同 的 方言。在 汉族 地区
Zhōngguó dìyù liáokuò, bùtóng de dìyù xíngchéng le bùtóng de fāngyán. Zài Hànzú dìqū
有 七 大 方言， 分别 为：北方方言、 吴方言、 湘方言、 赣方言、
yǒu qī dà fāngyán, fēnbié wéi: Běifāngfāngyán、Wúfāngyán、Xiāngfāngyán、Gànfāngyán、
客家方言、 闽方言、 粤方言。
Kèjiāfāngyán、 Mǐnfāngyán、 Yuèfāngyán.

为了 克服 方言 给交际 带来 的 障碍， 中国 政府 推广 普通话。
Wèile kèfú fāngyán gěi jiāojì dàilái de zhàng'ài, Zhōngguó zhèngfǔ tuīguǎng pǔtōnghuà.
普通话 以 北京 语音 为 标准音， 以 北方话 为 基础 方言， 以 典范
pǔtōnghuà yǐ Běijīng yǔyīn wéi biāozhǔnyīn, yǐ běifānghuà wéi jīchǔ fāngyán, yǐ diǎnfàn
的 现代 白话文 著作 为 语法 规范。
de xiàndài báihuàwén zhùzuò wéi yǔfǎ guīfàn.

Dialects and *Putonghua*

The vast extent of China's territory gives rise to different dialects in different regions. The Chinese language can be subdivided into seven dialects as follows: Northern dialect, Wu dialect, Xiang dialect, Gan dialect, the Hakka dialect, Min dialect, Yue dialect. Hundreds of millions of people speak some variant of Chinese.

The dialects with distinctive differences in pronunciation and intonation create communication obstacles among Chinese citizens. In order to solve this problem, the Chinese government has been working on popularizing Putonghua ("Common Speech"), which is based on the northern dialect, with the Beijing pronunciation as its standard and the modern vernacular style of writing as its grammatical norms.

HOMELAND OF THE DRAGON

方言分布图

第11课 中国的少数民族

中国一共有56个民族,其中汉族占全国总人口的92%,
Zhōngguó yígòng yǒu 56 ge mínzú, qízhōng Hànzú zhàn quánguó zǒng rénkǒu de 92%,
其他55个民族占全国总人口的8%。因他们的人口较少,所以
qítā 55 ge mínzú zhàn quánguó zǒng rénkǒu de 8%. Yīn tāmen de rénkǒu jiàoshǎo, suǒyǐ
统称为少数民族。中国有五个民族自治区。它们是:内蒙古
tǒngchēng wéi shǎoshù mínzú. Zhōngguó yǒu wǔ ge mínzú zìzhìqū. Tāmen shì: Nèiměnggǔ
自治区、新疆维吾尔自治区、广西壮族自治区、宁夏回族自治区、
zìzhìqū、Xīnjiāng Wéiwúěr zìzhìqū、Guǎngxī Zhuàngzú zìzhìqū、Níngxià Huízú zìzhìqū、
西藏自治区。此外,在某些省的较小的民族聚集区,还建立了少数
Xīzàng zìzhìqū. Cǐwài, zài mǒuxiē shěng de jiào xiǎo de mínzú jùjíqū, hái jiànlì le shǎoshù
民族自治州、自治县。
mínzú zìzhìzhōu、zìzhìxiàn.

Chinese Minorities

China is a multi-national country, with a total of 56 ethnic groups. The Han nationality accounts for 92 percent of the total population, while the total population of the other 55 ethnic groups constitutes 8 percent of China's total. Being small in number, they are called minorities. There are five autonomous regions in the country equivalent to provinces: Inner Mongolia, Ningxia (Hui), Xinjiang (Uygur), Tibet, and Guangxi (Zhuang). In addition, in the small minority-compact communities in some provinces there are autonomous prefectures and autonomous counties.

中央民族大学56个民族的学生／汤其杰 摄影

第12课 中国的邻居

中国 的 邻居可不少, 东 有 朝鲜, 北 有 俄罗斯和蒙古, 西北 有
Zhōngguó de línjū kě bù shǎo, dōng yǒu Cháoxiān, běi yǒu Éluósī hé Měnggǔ, xīběi yǒu
哈萨克斯坦、吉尔吉斯斯坦、塔吉克斯坦、西有 阿富汗、巴基斯坦、西南 有 印度、
Hāsàkèsītǎn、 Jíěrjísīsītǎn、 Tǎjíkèsītǎn、 xī yǒu Āfùhàn、 Bājīsītǎn、 xī'nán yǒu Yìndù、
尼泊尔、锡金、不丹、南有 缅甸、 老挝 和越南,在 东部 和 南部 还有
Níbó'ěr、 Xījīn、 Bùdān、 nán yǒu Miǎndiàn、 Lǎowō hé Yuènán, zài dōngbù hé nánbù háiyǒu
几个隔海 相望 的邻国,如 韩国、 日本、 菲律宾、 马来西亚、印度尼西亚和
jǐ ge géhǎi xiāngwàng de línguó, rú Hánguó、 Rìběn、 Fēilǜbīn、 Mǎláixīyà、 Yìndùníxīyà hé
文莱。
Wénlái.

Neighboring Countries of China

China has a great number of neighboring countries. It borders Democratic People's Republic of Korea in the east; the People's Republic of Mongolia and Russia in the north; Kazakhstan, Kirghizstan, and Tadzhikistan in the northwest; Afghanistan and Pakistan in the west; India, Nepal, Sikkim, and Bhutan in the southwest; Burma, Laos, and Vietnam in the south. Across the East China Sea to the east and the South China Sea to the southeast, China faces Republic of Korea, Japan, the Philippines, Malaysia, Indonesia, and Brunei.

HOMELAND OF THE DRAGON

中国的邻居

第13课 三个阶梯

中国的地势像三层阶梯。自东而西，第一阶梯是平原，由东北平原、华北平原、长江中下游平原组成。第二阶梯是较低的高原，由内蒙古高原、黄土高原、云贵高原组成。第三阶梯是较高的高原，也是世界上最高的高原——青藏高原。

Zhōngguó de dìshì xiàng sān céng jiētī. Zì dōng ér xī, dì-yī jiētī shì píngyuán, yóu Dōngběi Píngyuán、Huáběi Píngyuán、Chángjiāng Zhōngxiàyóu Píngyuán zǔchéng. Dì-èr jiētī shì jiào dī de gāoyuán, yóu Nèiměnggǔ Gāoyuán、Huángtǔ Gāoyuán、Yúnguì Gāoyuán zǔchéng. Dì-sān jiētī shì jiào gāo de gāoyuán, yě shì shìjiè shang zuì gāo de gāoyuán——Qīngzàng Gāoyuán.

A Three-step Staircase

The topographical outline of China is a three-step staircase from east to west. It begins with the plains, namely the Northeast, the North China, and the Middle-Lower Yangtze Plains. Then it ascends westwards to hilly regions of plateaus, mainly the Inner Mongolia Plateau, the Loess Plateau, and the Yunnan-Guizhou Plateau. Finally it ascends further westwards to the Qinghai-Tibet Plateau, the highest plateau in the world.

HOMELAND OF THE DRAGON

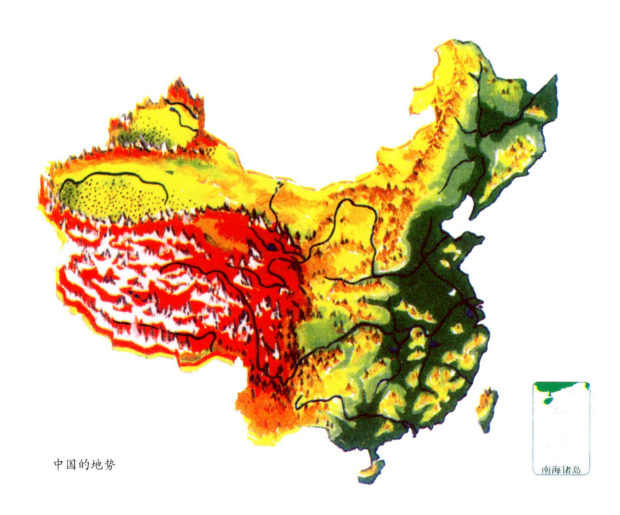

中国的地势

南海诸岛

第14课 三大平原

中国的平原主要分布在东部,最大的有三个:东北平原、
Zhōngguó de píngyuán zhǔyào fēnbù zài dōngbù, zuì dà de yǒu sān ge: Dōngběi Píngyuán、

华北平原、长江中下游平原。
Huáběi Píngyuán、Chángjiāng Zhōngxiàyóu Píngyuán.

东北平原盛产小麦、玉米、大豆、水稻。
Dōngběi Píngyuán shēngchǎn xiǎomài、yùmǐ、dàdòu、shuǐdào.

华北平原盛产小麦、棉花。
Huáběi Píngyuán shēngchǎn xiǎomài、miánhuā.

长江中下游平原的主要农作物是水稻。
Chángjiāng Zhōngxiàyóu Píngyuán de zhǔyào nóngzuòwù shì shuǐdào.

The Three Major Plains

China's three major plains——the Northeast, the North China, and the Middle-Lower Yangtze plains——all lie in the eastern section of the country.

The Northeast Plain is the largest in China. Chief crops grown there include wheat, corn, soybean, and rice.

The North China Plain was built up by alluvial silt from the Yellow, Huai, and Haihe rivers. Chief crops grown there are wheat and cotton.

The Middle-Lower Yangtze Plain is one of China's leading producers of rice.

HOMELAND OF THE DRAGON

东北平原

第15课　四大高原

中国　一共　有　四个　高原，　分别　是　青藏　高原、　内蒙古　高原、
Zhōngguó yígòng yǒu sì ge gāoyuán, fēnbié shì Qīngzàng Gāoyuán、Nèiměnggǔ Gāoyuán、
黄土　高原　和云贵　高原。青藏　高原　是世界　上　最高　的高原，
Huángtǔ Gāoyuán hé Yúnguì Gāoyuán. Qīngzàng Gāoyuán shì shìjiè shang zuì gāo de gāoyuán,
被　称作　"世界屋脊"。内蒙古　高原　地势　最　平坦，境内　是一望　无
bèi chēngzuò "Shìjièwūjǐ". Nèiměnggǔ Gāoyuán dìshì zuì píngtǎn, jìngnèi shì yí wàng wú
际的原野。黄土　高原　的表层　覆盖着厚厚　的黄土，　土质疏松，
jì de yuányě. Huángtǔ Gāoyuán de biǎocéng fùgài zhe hòuhòu de huángtǔ, tǔzhì shūsōng,
雨水　一冲　就流走了，境内　的土山都被　冲刷　出许多　深沟。
yǔshuǐ yì chōng jiù liúzǒu le, jìngnèi de tǔshān dōu bèi chōngshuā chū xǔduō shēngōu.
云贵　高原　的雪山　很多，由于位于云南和贵州，所以叫云贵　高原。
Yúnguì Gāoyuán de xuěshān hěnduō, yóuyú wèiyú Yúnnán hé Guìzhōu, suǒyǐ jiào Yúnguì Gāoyuán.

The Four Major Plateaus

China has four major plateaus: the Qinghai-Tibet Plateau, the Inner Mongolia Plateau, the Loess Plateau, and the Yunnan-Guizhou Plateau. The Qinghai-Tibet Plateau is the highest tableland in the world. With an average elevation of over 4,000 meters above sea level, it is known as the "Roof of the World." The Inner Mongolia Plateau is flat and broad, strewn with vast stretches of grassland. The Loess Plateau is largely covered by a layer of loess. This yellowish soil is a loose, loamy deposit. Rainfall in summer has caused serious loss of water and soil, and this has brought about the formation of numerous gullies. The Yunnan-Guizhou Plateau, as its name implies, covers mainly Yunnan and Guizhou provinces. The plateau abounds in snow-capped mountains.

HOMELAND OF THE DRAGON

青藏高原湖泊／杜泽泉 摄影

第16课 四大盆地

中国有四大盆地,它们是塔里木盆地、准噶尔盆地、柴达木盆地
Zhōngguó yǒu sì dà péndì, tāmen shì Tǎlǐmù Péndì、Zhǔngá'ěr Péndì、Cháidámù Péndì
和四川盆地。
hé Sìchuān Péndì.

塔里木盆地蕴藏着丰富的石油。准噶尔盆地也是石油产地。
Tǎlǐmù Péndì yùncáng zhe fēngfù de shíyóu. Zhǔngá'ěr Péndì yě shì shíyóu chǎndì.
柴达木盆地内部大部分是戈壁、沙漠、沼泽和盐湖。四川盆地内有
Cháidámù Péndì nèibù dàbùfen shì gēbì、shāmò、zhǎozé hé yánhú. Sìchuān Péndì nèi yǒu
著名的成都平原,历史上被称为"天府之国"。
zhùmíng de Chéngdū Píngyuán, lìshǐ shang bèi chēngwéi "Tiānfǔzhīguó".

The Four Major Basins

China has four major basins. They are the Tarim Basin, the Junggar Basin, the Qaidam Basin, and the Sichuan Basin.

The Tarim Basin is China's largest inland basin, which is rich in oil reserve. The Junggar Basin has a large deposit of oil as well. The Qaidam Basin is a depression in a high plateau. Vast portions of its surface are gobis, deserts, swamps, and salt lakes. The Sichuan Basin encloses the Chengdu Plain, famous as the "Land of Abundance."

HOMELAND OF THE DRAGON

青海柴达木盆地地貌／李全举 摄影

第17课 四大海区

中国 有 辽阔 的 海域，有 四 大 海区：渤海、黄海、 东海 和 南海。
Zhōngguó yǒu liáokuò de hǎiyù, yǒu sì dà hǎiqū: Bōhǎi、Huánghǎi、Dōnghǎi hé Nánhǎi.
中国 大陆 海岸线 全长 18000多 公里，沿岸 有 许多 优良 港湾，
Zhōngguó dàlù hǎi'ànxiàn quánchǎng 18000 duō gōnglǐ, yán'àn yǒu xǔduō yōuliáng gǎngwān,
如 大连、 天津、 青岛、 上海、 厦门、 广州、 香港 等。
rú Dàlián、Tiānjīn、 Qīngdǎo、Shànghǎi、Xiàmén、Guǎngzhōu Xiānggǎng děng.

The Four Major Seas

China has extensive territorial waters. The seas along China's coast are the Bohai Sea, the Yellow Sea, the East China Sea, and the South China Sea.

The coastline of the mainland measures more than 18,000 kilometers. Along the coast are many bays and fine harbor cities, such as Dalian, Tianjin, Qingdao, Shanghai, Xiamen, Guangzhou and Hong Kong.

HOMELAND OF THE DRAGON

南海风光／高琴 摄影

第18课 两大岛屿

中国的大陆海岸线全长18000多公里，沿海散落着大大小小的岛屿，一共有5000多个。最大的岛屿是位于东海的台湾岛和位于南海的海南岛，两个岛都是大陆岛。此外，还有著名的舟山群岛、南海群岛等。

Zhōngguó de dàlù hǎi'ànxiàn quáncháng 18000 duō gōnglǐ, yánhǎi sǎnluò zhe dàdà-xiǎoxiǎo de dǎoyǔ, yígòng yǒu 5000 duō gè. Zuì dà de dǎoyǔ shì wèiyú Dōnghǎi de Táiwān Dǎo hé wèiyú Nánhǎi de Hǎinán Dǎo, liǎng ge dǎo dōu shì dàlùdǎo. Cǐwài, háiyǒu zhùmíng de Zhōushān Qúndǎo、Nánhǎi Qúndǎo děng.

The Two Major Islands

China's coastline extends over 18,000 kilometers, with over 5,000 islands studded in the vast sea area. Taiwan in the East China Sea is the largest of all, with Hainan in the South China Sea next in size. In addition, there are a number of island groups such as the Zhoushan Islands and Nanhai Islands, etc.

HOMELAND OF THE DRAGON

海南万泉河风光／黄韬朋 摄影

第19课 珠穆朗玛峰

珠穆朗玛峰　是喜马拉雅山　的主峰，海拔 8848.13 米，是世界第一高峰。
Zhūmùlǎngmǎfēng shì Xīmǎlāyǎshān de zhǔfēng, hǎibá 8848.13 mǐ, shì shìjiè dì-yī gāofēng.
珠穆朗玛峰　位于西藏与尼泊尔的交界处。山体像一座巨型金字塔，
Zhūmùlǎngmǎfēng wèiyú Xīzàng yǔ Níbó'ěr de jiāojièchù. Shāntǐ xiàng yí zuò jùxíng Jīnzìtǎ,
山顶　终年　覆盖着皑皑积雪，在阳光　照耀下、高洁、雄伟。1960
shāndǐng zhōngnián fùgài zhe áiái jīxuě, zài yángguāng zhàoyào xià, gāojié、xióngwěi. 1960
年，中国　登山队　首次从北坡登上　顶峰。
nián, Zhōngguó dēngshānduì shǒucì cóng běipō dēngshàng dǐngfēng.

Mount Qomolangma

　　Mount Qomolangma (Mt. Everest), the main peak of the Himalayas and the world's highest peak, lies on the China-Nepal border. Its precise height is 8,848.13 meters. Shaped like a pyramid, the snow-covered peak is crisscrossed by several huge glaciers, which glisten in bright sunshine and appear to be quite noble and majestic. In 1960, Chinese mountaineers for the first time reached the summit of Qomolangma from its northern slope.

HOMELAND OF THE DRAGON

珠穆朗玛峰

第20课 长江和黄河

长江是中国的第一大河。它发源于青藏高原向东流
Chángjiāng shì Zhōngguó de dì-yī dàhé. Tā fāyuán yú Qīngzàng Gāoyuán xiàng dōng liú
过 6300 公里，最后注入东海，流域面积 180 万平方公里。在世界的
guò 6300 gōnglǐ, zuìhòu zhùrù Dōnghǎi, liúyùmiànjī 180 wàn píngfāng gōnglǐ. Zài shìjiè de
大河中，长江的长度仅次于尼罗河和亚马孙河，居第三位。
dàhé zhōng, Chángjiāng de chángdù jǐn cì yú Níluó Hé hé Yàmǎsūn Hé, jū dì-sān wèi.

黄河是中国的第二大河。它发源于青藏高原向东流
Huánghé shì Zhōngguó de dì-èr dàhé. Tā fāyuán yú Qīngzàng Gāoyuán xiàng dōng liú
过 5500 公里，最后注入渤海，流域面积 75 万多平方公里。黄河流域
guò 5500 gōnglǐ, zuìhòu zhùrù Bóhǎi, liúyùmiànjī 75 wàn duō píngfāng gōnglǐ. Huánghé liúyù
是中华民族的发祥地，所以黄河被中国人亲切地称为
shì Zhōnghuá Mínzú de fāxiángdì, suǒyǐ Huánghé bèi Zhōngguórén qīnqiè de chēngwéi
"母亲河"。
"mǔqīnhé".

The Yangtze River and the Yellow River

The Yangtze River, the longest one in China, originates from the Qinghai-Tibet Plateau and flows east wards through the middle of China and empties into the East China Sea. With a drainage area of 1.8 million square kilometers, its overall length is 6,300 kilometers, third in the world after the Amazon of South America and the Nile of Africa.

The Yellow River, the second longest river in China, originates also from the Qinghai-Tibet plateau and flows east wards through north China and empties into the Bohai Sea. Its overall length is 5,500 kilometers, with a drainage area of more than 750,000 square kilometers. Being the birthplace of Chinese, the Yellow River is always called the "Mother River" of China.

HOMELAND OF THE DRAGON

包头黄河大桥／刘鸿孝 摄影

第21课 两大湖泊分布区

中国湖泊最多的地区有两个:一个是青藏高原湖泊区,仅西藏就有大小湖泊1000多个,是世界上最大的高原湖泊群分布区。另一个是位于东部的平原湖区,主要分布在长江中下游平原、淮河下游和山东南部。这一地区有中国的五大淡水湖:鄱阳湖、洞庭湖、太湖、洪泽湖和巢湖。

The Two Major Lake Areas

China has a huge number of lakes of all sizes. They are widely distributed across the country, but with a preponderance on the Qinghai-Tibet Plateau in the far west and in the eastern plain areas. The Qinghai-Tibet Plateau is the world's largest lake-bearing highland, with over 1,000 lakes. The eastern plain area is famous for fresh water lakes, which are distributed along the middle and lower reaches of the Yangtze River, the lower reach of Huai River, and in the south of Shandong. Lakes Boyang, Dongting, Taihu, Hongze, and Chaohu are the most famous ones in this area, as well as in China.

HOMELAND OF THE DRAGON

青海湖上的鸟岛／王精业 摄影

第22课 中国的气候

中国 由于 幅员 辽阔, 气温 差别 很 大。既 有 热带、亚热带,也 有
Zhōngguó yóuyú fúyuán liáokuò, qìwēn chābié hěn dà. Jì yǒu rèdài、yàrèdài, yě yǒu
暖温带、中温带, 还有 寒温带 和 高原 气候区,可以 说 是 千 差
nuǎnwēndài、zhōngwēndài, hái yǒu hánwēndài hé gāoyuán qìhòuqū, kěyǐ shuō shì qiān chā
万 别。比如 春节 的 除夕之夜, 当 北国 的 哈尔滨 人 穿 着 厚厚 的
wàn bié. Bǐrú Chūnjié de chúxīzhīyè, dāng běiguó de Hā'ěrbīn rén chuān zhe hòuhòu de
大衣,冒 着 零下 30 多 摄氏度 的 严寒 在 公园 里观赏 冰灯 和
dàyī, mào zhe língxià 30 duō shèshìdù de yánhán zài gōngyuán li guānshǎng bīngdēng hé
冰雕 的 时候,南国 的 广州 人却 穿 着新春 的 时装, 手 捧
bīngdiāo de shíhou, nánguó de Guǎngzhōu rén què chuān zhe xīnchūn de shízhuāng, shǒu pěng
着 盆栽 柑橘在 逛 迎春 花市。
zhe pénzāi gānjú zài guàng yíngchūn huāshì.

The Climate of China

Owing to the differences in latitude from south to north, China's extensive territory straddles the tropical, subtropical, warm-temperate, temperate, frigid-temperate, and plateau climatic zones. The monsoons cause temperatures to fluctuate from region to region. For instance, on the eve of the Spring Festival, while it is still cold winter with the temperature as low as -30℃ in northeast Harbin, it has already been spring in south Guangzhou. While people in Harbin wear their warmest clothes, enjoying the ice carving and ice lanterns in the gardens, people in Guangzhou have put on their light shirts, strolling around the flower market held especially for the Spring Festival with flowerpots of oranges in their hands.

HOMELAND OF THE DRAGON

滇西立体垂直气候景观／陈祚 摄影

第23课　中国的自然资源

说到中国的自然资源，人们总喜欢用一个词:地大物博。
Shuōdào Zhōngguó de zìrán zīyuán, rénmen zǒng xǐhuan yòng yí ge cí: dì dà wù bó.

　　土地面积：　　　　　居世界第三位；
　　tǔdì miànjī:　　　　　jū shìjiè dì-sān wèi;
　　矿产资源储量：　　　居世界第三位；
　　kuàngchǎn zīyuán chǔliàng:　jū shìjiè dì-sān wèi;
　　耕地总面积：　　　　居世界第四位；
　　gēngdì zǒng miànjī:　　　jū shìjiè dì-sì wèi;
　　森林总面积：　　　　居世界第六位。
　　sēnlín zǒng miànjī:　　　jū shìjiè dì-liù wèi.

从自然资源的总量来看，中国的确是世界资源大国。但是
Cóng zìrán zīyuán de zǒngliàng lái kàn, Zhōngguó díquè shì shìjiè zīyuán dàguó. Dànshì
中国的人口很多，所以自然资源人均占有量并不多。
Zhōngguó de rénkǒu hěn duō, suǒyǐ zìrán zīyuán rénjūn zhànyǒuliàng bìng bù duō.

China's Natural Resources

　　People like to use the word "Di Da Wu Bo" (vast in territory and rich in resources) in the description of China's natural resources.

　　　　The land area ranks the third in the world.
　　　　The mineral reserves ranks the third in the world.
　　　　The total arable land ranks the fourth in the world.
　　　　The total forest area ranks the sixth in the world.

　　The total amount of the natural resources shows that China is indeed a fortunate country possessing abundant resources. Yet it should be remembered that China is the most populous country in the world. Considered from the viewpoint of the per capita natural resources, China is, in fact, short of natural resources.

HOMELAND OF THE DRAGON

中国的省区

第25课　中国的铁路

铁路是中国交通运输的骨干,主要干线有"三纵两横"之
Tiělù shì Zhōngguó jiāotōng yùnshū de gǔgàn, zhǔyào gànxiàn yǒu "sān zòng liǎng héng" zhī
说。"三纵"是指京沪线（北京——上海）、京九线（北京——九龙）、
shuō. "Sānzòng" shì zhǐ Jīng-Hùxiàn (Běijīng——Shànghǎi)、Jīng-Jiǔxiàn (Běijīng——Jiǔlóng)、
京广线（北京——广州），这三条干线都可通过京哈线（北京
Jīng-Guǎngxiàn (Běijīng——Guǎngzhōu), zhè sān tiáo gànxiàn dōu kě tōngguò Jīng-Hāxiàn (Běijīng
——哈尔滨）向北延伸到哈尔滨。"两横"是指陇海线（连云港
——Hā'ěrbīn) xiàng běi yánshēn dào Hā'ěrbīn. "Liǎnghéng" shì zhǐ Lǒng-Hǎixiàn (Liányúngǎng
——兰州）兰新线（兰州——新疆）和浙赣线（杭州——南昌）、
——Lánzhōu)、Lán-Xīnxiàn (Lánzhōu——Xīnjiāng) hé Zhè-Gànxiàn (Hángzhōu——Nánchāng)、
湘黔线（长沙——贵阳）、贵昆线（贵阳——昆明）。
Xiāng-Qiánxiàn (Chángshā——Guìyáng)、GuìKūnxiàn (Guìyáng——Kūnmíng).

The Railway in China

Railways are crucial to China's transportation. The trunk lines of the railway system form a pattern of "three columns and two rows" according to the directions in which they run. The "three columns" refer to the Jinghu Railway (Beijing-Shanghai), the Jingjiu Railway (Beijing-Kowloon), the Jingguang Railway (Beijing-Guangzhou). The three railways above may extend as far as to Harbin by the Jingha Railway (Beijing-Harbin). The "two rows" refer to the Longhai Railway (Lianyungang-Lanzhou), the Lanxin Railway (Lanzhou-Xinjiang); the Zhegan Railway (Hangzhou-Nanchang), the Xiangqian Railway (Changsha-Guiyang), and the Guikun Railway (Guiyang-Kunming).

HOMELAND OF THE DRAGON

中国的铁路

第26课　京杭大运河

中国 的 主要 河流，都 是 由 西 向 东，因此 东西 交通 比较 便利。
Zhōngguó de zhǔyào héliú, dōu shì yóu xī xiàng dōng, yīncǐ dōngxī jiāotōng bǐjiào biànlì.
但 南北 交通 就成 问题 了。 为了 经济 的 发展 和 统治 的 需要，公元
Dàn nánběi jiāotōng jiù chéng wèntí le. Wèile jīngjì de fāzhǎn hé tǒngzhì de xūyào, gōngyuán
605~618 年 隋炀 帝前后 三 次 征用 民工 开发 大运河。大运河 北起
605~618 nián Suíyáng Dì qiánhòu sān cì zhēngyòng míngōng kāifā Dàyùnhé. Dàyùnhé běi qǐ
北京，南 至 杭州， 全长 1800 公里， 流经 天津、 河北、 山东、 江苏、
Běijīng, nán zhì Hángzhōu, quáncháng 1800 gōnglǐ, liújīng Tiānjīn, Héběi, Shāndōng, Jiāngsū,
浙江 等 6 个 省 市，极大 地方便 了南北 交通。
Zhèjiāng děng 6 ge shěng shì, jí dà de fāngbiàn le nánběi jiāotōng.

The Grand Canal

Owing to the topography, the major rivers in China all flow from west to east. This naturally creates a convenient east-west water transport system, but the north-south water transport is quite inconvenient. In order to complement China's natural river system and strengthen his rule, from the year 605 to 618, Emperor Yang of the Sui Dynasty conscripted three times a large number of laborers to build the grand canal. The canal, 1,800 kilometers in length, extended from Beijing in the north to Hangzhou in the south. As a major transport artery linking Tianjin, Hebei, Shandong, Jiangsu and Zhejiang, it facilitated greatly the economic development and communication between northern and southern China.

HOMELAND OF THE DRAGON

贯通南北的京杭大运河／郑云峰 摄影

第27课　深圳

深圳紧临香港，本来是个不大的小渔村，1980年8月，深圳经济特区成立。此后，在中央政府的支持下，深圳经济发展突飞猛进。深圳不但是中国改革开放的试点，也是中国经济改革成功的典范。

Shēnzhèn jǐn lín Xiānggǎng, běnlái shì ge bú dà de xiǎo yúcūn, 1980 nián 8 yuè, Shēnzhèn jīngjì tèqū chénglì. Cǐhòu, zài zhōngyāng zhèngfǔ de zhīchí xià, Shēnzhèn jīngjì fāzhǎn tū fēi měng jìn. Shēnzhèn búdàn shì Zhōngguó gǎigé kāifàng de shìdiǎn, yě shì Zhōngguó jīngjì gǎigé chénggōng de diǎnfàn.

The City of Shenzhen

Shenzhen used to be a small fishing village near Hong Kong. In August 1980, Shenzhen SEZ was officially established, and the Chinese government permitted Shenzhen greater flexibility in economic dealings. During the next twenty years, Shenzhen achieved great success in economic growth. As a trial implementation of reform, it has become a model of success in China.

HOMELAND OF THE DRAGON

深圳城市风光／黎明 摄影

第28课　上海浦东经济区

1990年，中国政府将上海浦东辟为经济开发区，要将浦东
1990 nián, Zhōngguó zhèngfǔ jiāng Shànghǎi Pǔdōng pì wéi jīngjì kāifāqū, yào jiāng Pǔdōng
建设成外向型的金融、科技、文化、信息中心。
jiànshè chéng wàixiàngxíng de jīnróng、kējì、wénhuà、xìnxīzhōngxīn.
上海本来就是中国的老工业城市，浦东新区的开发，使
Shànghǎi běnlái jiù shì Zhōngguó de lǎo gōngyè chéngshì, Pǔdōng Xīnqū de kāifā, shǐ
上海又成为中国最具活力的城市之一。
Shànghǎi yòu chéngwéi Zhōngguó zuì jù huólì de chéngshì zhīyī.

The Pudong New Development Zone in Shanghai

In 1990, the Chinese government decided to open the Pudong New Development Zone. The objective is to turn Pudong into a new centre of finance, science, culture and information to suit the development needs of an export-oriented economy.

Shanghai, the age-old industrial city, plays a decisive role in China' seconomic development. Once Pudong takes off, it will promote greatly the development of the entire Yangtze Delta and Yangtze River Valley and exert an incalculable impact on Shanghai's overall economic growth.

HOMELAND OF THE DRAGON

上海

第29课　东方之珠——香港

香港位于广东珠江口，是著名的国际金融、贸易中心和自由港，因经济繁荣，被誉为"东方之珠"。1842年，香港成为英国的殖民地。1997年，香港回归祖国。现在，香港是中国的一个特别行政区。

Xiānggǎng wèiyú guǎngdōng zhūjiāngkǒu, shì zhùmíng de guójì jīnróng、màoyì zhōngxīn hé zìyóugǎng, yīn jīngjì fánróng, bèi yùwéi "dōngfāngzhīzhū". 1842 nián, Xiānggǎng chéngwéi Yīngguó de zhímíndì. 1997 nián, Xiānggǎng huíguī zǔguó. Xiànzài, Xiānggǎng shì Zhōngguó de yí ge tèbié xíngzhèngqū.

Hong Kong: A Bright Pearl of the East

Hong Kong, located at the mouth of the Pearl River in Guangdong, is a renowned international, financial, and trading center, and ultimately a free port. Its economic prosperity wins itself the name of "Bright Pearl of the East." In 1842, it became a British Concession. In 1997, Hong Kong returned to its motherland and became a Special Administrative Region (HKSAR) under the Chinese flag.

HOMELAND OF THE DRAGON

香港不夜城／毕胜年 摄影

第30课 宝岛台湾

台湾 自古 就是 中国 的领土。据 科学家 研究，台湾 岛 本来 是 中国
Táiwān zìgǔ jiù shì Zhōngguó de lǐngtǔ. Jù kēxuéjiā yánjiū, Táiwān Dǎo běnlái shì Zhōngguó
大陆 的 一 部分，只是 在 很 多 年 以前，由于 海水 上升 了一百多
dàlù de yí bùfen, zhǐshì zài hěn duō nián yǐqián, yóuyú hǎishuǐ shàngshēng le yì bǎi duō
米，台湾 才 与 大陆 分离，变成 海岛。岛上 最早 的 居民 来自大陆，台湾
mǐ, táiwān cái yǔ dàlù fēnlí, biànchéng hǎidǎo. Dǎoshàng zuì zǎo de jūmín láizì dàlù, Táiwān
的 文化 也 源于 大陆。中国 的 统一 是 任何人 也 阻挡 不 了 的。
de wénhuà yě yuányú dàlù. Zhōngguó de tǒngyī shì rènhérén yě zǔdǎng bù liǎo de.

Taiwan: the Treasure Island

Taiwan has been a part of Chinese territory since ancient times. It was once geographically linked with the Chinese mainland based on studies of some noted geologists. In the millennia of geomorphologic history, the sea level rose more than 100 meters. As a result, Taiwan separated from the mainland and became an island as it is now. Studies indicate that people from the mainland were the earliest settlers on Taiwan. The Taiwan culture may have originated from the mainland culture. It is certain that China will be reunified. The reunification of China is a historic inevitability.

HOMELAND OF THE DRAGON

郑成功修建的安平古堡炮台 / 徐波 摄影

第 31 课 澳门

澳门 原来 是一个 渔港，后来 被 葡萄牙 侵占 长达 400 余 年。根据
Àomén yuánlái shì yí ge yúgǎng, hòulái bèi Pútáoyá qīnzhàn chángdá 400 yú nián. Gēnjù
中 葡 两 国 政府 1987 年 的 联合 声明， 1999 年 12 月 20 日，澳门 回归
Zhōng Pú liǎng guó zhèngfǔ 1987 nián de liánhé shēngmíng, 1999 nián 12 yuè 20 rì, Àomén huíguī
祖国。现在， 澳门 已经 建立了 特别 行政区， 成为 中华 人民 共和国
zǔguó. Xiànzài, Àomén yǐjīng jiànlì le tèbié xíngzhèngqū, chéngwéi Zhōnghuá Rénmín Gònghéguó
领土 不 可 分割 的 一 部分。
lǐngtǔ bù kě fēngē de yí bùfen.

Macao

Used to be a fishing port, Macao was occupied by the Portuguese for more than 400 years. The Sino-Portuguese Joint Declaration signed in 1987 set December 20, 1999 as the date on which China would resume sovereignty over Macao. The Macao Special Administrative Region (SAR) is in place today. Macao has become an inseparable part of China.

HOMELAND OF THE DRAGON

澳门名胜牌坊／陈德穆 摄影

第32课 三峡水利枢纽工程

三峡 水利 枢纽 工程 的作用 主要 有 三 个：第一，控制 长江
Sānxiá shuǐlì shūniǔ gōngchéng de zuòyòng zhǔyào yǒu sān ge: dì-yī, kōngzhì Chángjiāng
上游 洪水， 减少 长江 中下游 广大 地区 洪水 灾害。第二，
Shàngyóu hóngshuǐ, jiǎnshǎo Chángjiāng Zhōngxiàyóu guǎngdà dìqū hóngshuǐ zāihài. Dì-èr,
为 华中、 华东 地区 提供 大量 电力，第三， 为 万吨级 船队 直航
wèi Huázhōng, Huádōng dìqū tígōng dàliàng diànlì, dì-sān, wèi wàndūnjí chuánduì zhíháng
创造 条件。
chuàngzào tiáojiàn.

The Three Gorges Water Conservancy Key Project

The Three Gorges Water Conservancy Key Project has three main advantages as follows: first, it will effectively control floods from the upper reaches of the Yangtze River, and prevent destructive disasters on the middle and lower reaches of the Yangtze River; secondly, it will generate a tremendous amount of electricity to central and east China's power network; thirdly, ships of 10,000 tons will be able to sail directly to the port of Chongqing.

HOMELAND OF THE DRAGON

三峡水利工程模型／郑文武 摄影

第33课 西部大开发

中国 西部 地区 包括 陕西、甘肃、青海、宁夏、新疆、四川、
Zhōngguó xībù dìqū bāokuò Shǎnxī, Gānsù, Qīnghǎi, Níngxià, Xīnjiāng, Sìchuān,
重庆、云南、贵州、西藏、广西、内蒙古 等 12 个 省、市、
Chóngqìng, Yúnnán, Guìzhōu, Xīzàng, Guǎngxī, Nèiměnggǔ děng 12 ge shěng, shì,
自治区。这一 地区 地域 辽阔，人口 稀少，自然 资源 特别 丰富，是 还 没有
zìzhìqū. Zhèyī dìqū dìyù liáokuò, rénkǒu xīshǎo, zìrán zīyuán tèbié fēngfù, shì hái méiyǒu
充分 开发 的 地区，经济 发展 潜力 巨大。
chōngfèn kāifā de dìqū, jīngjì fāzhǎn qiánlì jùdà.

The Development of the Western Region

China's western region includes the six provinces of Shaanxi, Gansu, Qinghai, Sichuan, Yunnan, Guizhou, and the five autonomous regions of Tibet, Inner Mongolia, Ningxia Hui, Xinjiang Uygur, and Guangxi Zhuang, together with the Chongqing Municipality which is directly under the administration of the Central Government. Compared with the eastern region, the west is sparsely populated and underdeveloped, but it enjoys the advantages of a vast land and rich natural resources and has a tremendous potentiality for economic growth.

HOMELAND OF THE DRAGON

中国西部山区

第34课　中国核电

秦山　核电站　坐落　在　浙江　省　海盐　县　杭州湾　畔，是　中国
Qínshān Hédiànzhàn zuòluò zài Zhèjiāng Shěng Hǎiyán Xiàn Hángzhōuwān pàn, shì Zhōngguó
第一　座　核电站。　经　国际　原子能　机构　及国家　核　安全局　专家　的审评，
dì-yī zuò Hédiànzhàn. Jīng guójì yuánzǐnéng jīgòu jí guójiā hé ānquánjú zhuānjiā de shěnpíng,
秦山　核电站　的　安全性　达到　当今　世界　先进　水平。秦山　核电站
Qínshān Hédiànzhàn de ānquánxìng dádào dāngjīn shìjiè xiānjìn shuǐpíng. Qínshān Hédiànzhàn
每年　发电　17 亿度。自　秦山　核电站　之后，　中国　又在　广东　建设
měinián fādiàn 17 yì dù. Zì Qínshān Hédiànzhàn zhīhòu, Zhōngguó yòu zài Guǎngdōng jiànshè
了 大亚湾　核电站。　此外，　还有　四　座　核电站　正在　建设　中。
le Dàyāwān Hédiànzhàn. Cǐwài, háiyǒu sì zuò Hédiànzhàn zhèngzài jiànshè zhōng.

China's Nuclear Power Industry

The Nuclear Power Plant at Qinshan, the first nuclear plant in China, lies on the bank of Hangzhou Bay in Haiyan County, Zhejiang Province. Approved by the International Association of Atomic Energy and China Nuclear Safety Bureau, the Nuclear Power Plant at Qinshan has met the most advanced safety standard in the world, and it generates an average of 1.7 billion kilowatts of electricity every year. Following this installation, another one in Dayawan in Guangdong Province has been built. In addition, another four nuclear power plants are under construction.

秦山核电站／张禄 黄禄全 摄影

第35课 中国航天

中国 自 1970 年 发射 第一 颗 人造 地球 卫星 以来，用 自行 研制
Zhōngguó zì 1970 nián fāshè dì-yī kē rénzào dìqiú wèixīng yǐlái, yòng zìxíng yánzhì
的 长征 系列 火箭 发射 了 50多 颗 本国 研制 的 人造 地球 卫星、20
de chángzhēng xìliè huǒjiàn fāshè le 50 duō kē běnguó yánzhì de rénzào dìqiú wèixīng、20
多 颗 国外 研制 的 人造 地球 卫星。卫星 发射 成功率 达到 80% 以上，
duō kē guówài yánzhì de rénzào dìqiú wèixīng. Wèixīng fāshè chénggōnglǜ dádào 80% yǐshàng,
卫星 返回 成功率 达到 94%。2000 年，中国 进行 了第一 次 载人 宇宙
wèixīng fǎnhuí chénggōnglǜ dádào 94%. 2000 nián, Zhōngguó jìnxíng le dì-yī cì zàirén yǔzhòu
飞船 试验。这 表明 中国 的 航天 工业 已经 迈进 载人 宇宙
fēichuán shìyàn. Zhè biǎomíng Zhōngguó de hángtiān gōngyè yǐjīng màijìn zàirén yǔzhòu
飞船 的 技术 领域。
fēichuán de jìshù lǐngyù.

China's Aerospace Industry

Since the first man-made earth satellite was launched in 1970, China has launched more than 50 domestically-made satellites and more than 20 satellites made abroad through a series of Long March rockets developed in China. More than 80 percent of these satellites have been launched successfully, and 94 percent of them have returned safely to earth. In the year of 2,000, China launched its first experimental unmanned spacecraft into space. The country's test flights of the unmanned spacecrafts indicate that China has made fresh headway in the development of manned spaceflight technology.

中国发射航天飞行器

（京）新登字 157 号

图书在版编目（CIP）数据

龙的故乡/张英编；傅勇译.
—北京：北京语言大学出版社，2002
（中国那个地方）
ISBN 7-5619-0933-0

Ⅰ．龙…
Ⅱ．①张… ②傅…
Ⅲ．对外汉语教学-语言读物-汉、英
Ⅳ．H195.5

中国版本图书馆 CIP 数据核字（2001）第 023267 号

责任印制：乔学军
出版发行：北京语言大学出版社
社　　址：北京海淀区学院路 15 号　邮政编码 100083
网　　址：http://www.blcup.com
印　　刷：北京地大彩印厂
经　　销：全国新华书店
版　　次：2002 年 11 月第 1 版　2002 年 11 月第 1 次印刷
开　　本：889 毫米×1194 毫米　1/24　印张：3.5
字　　数：10 千字　印数：1—2000 册
书　　号：ISBN 7-5619-0933-0/H・01020
全套定价：120.00 元

发行部电话：010—82303651　　82303591
　　传真：010—82303081
E-mail：fxb@blcu.edu.cn

China: A Great Countr

中国那个地方（四）

in the East (IV)

In Search of Chinese Treasures

中华物产

编写 张英
英译 傅勇

北京语言大学出版社

前 言

《中国那个地方》画册是中国国家对外汉语教学领导小组办公室委托北京语言大学出版社编辑出版的向海外华裔子女介绍中国基本情况的课外读物。本书分四册：

第一册 《龙的故乡》介绍中国概况；
第二册 《华夏春秋》介绍中国历史文化人物；
第三册 《九州名胜》介绍中国自然和文化名胜；
第四册 《中华物产》介绍中国特有物产。

本书配有汉语拼音和英文译文，图片采自中国《人民画报》社和中国图片网。

北京语言大学出版社

作者简介

张英 女 北京大学对外汉语教育学院教师 本书撰稿人

傅勇 男 北京语言大学外国语学院教师 本书英文译者

目 录
Table of Contents

第 1 课	川菜（4）	
	Sichuan (Chuan) Cuisine	
第 2 课	鲁菜（6）	
	Shandong (Lu) Cuisine	
第 3 课	粤菜（8）	
	Guangdong (Yue) Cuisine	
第 4 课	淮扬菜（10）	
	Huaiyang Cuisine	
第 5 课	北京烤鸭（12）	
	Beijing Roast Duck	
第 6 课	狗不理包子（14）	
	Goubuli Steamed Stuffed Buns	
第 7 课	京味小吃（16）	
	Beijing Snacks	
第 8 课	宁波汤圆（18）	
	Ningbo Dumplings (*Tangyuan*)	
第 9 课	苏式小吃（20）	
	Suzhou—Style Snacks	
第 10 课	广式糕点（22）	
	Guangdong *Dim Sum*	
第 11 课	新疆哈密瓜（24）	
	Hami Melons in Xinjiang	

第 12 课　吐鲁番葡萄(26)
　　　　　Turfan Grapes

第 13 课　中华猕猴桃(28)
　　　　　Chinese Yangtao

第 14 课　砀山梨(30)
　　　　　Dangshan Pear

第 15 课　烟台苹果(32)
　　　　　Yantai Apple

第 16 课　荔枝(34)
　　　　　Lychee

第 17 课　龙眼(36)
　　　　　Longan

第 18 课　台湾香蕉(38)
　　　　　Taiwan Banana

第 19 课　中国茶叶(40)
　　　　　Prime Tea of China

第 20 课　苏杭丝绸(42)
　　　　　Silk Weaving in Suzhou and Hangzhou

第 21 课　中国陶瓷(44)
　　　　　Porcelain

第 22 课　景泰蓝(46)
　　　　　Cloisonné

第 23 课　吉林人参(48)
　　　　　Jilin Ginseng

第 24 课　大熊猫(50)
　　　　　Giant Panda

第 25 课　金丝猴(52)
　　　　　Golden Monkey

第 26 课　东北虎(54)
　　　　　Manchurian Tiger

第 27 课　华南虎(56)
　　　　　South China Tiger

第 28 课　亚洲象(58)
　　　　　Asian Elephant

第 29 课　白唇鹿(60)
　　　　　White—lipped Deer

第 30 课　白头叶猴(62)
　　　　　The White—Headed Leaf Monkey

第 31 课　野牦牛(64)
　　　　　Wild Yak

第 32 课　中华鲟(66)
　　　　　Chinese Paddlefish

第 33 课　扬子鳄(68)
　　　　　Yangtze Alligator

第 34 课　朱鹮(70)
　　　　　Crested Ibis

第 35 课　孔雀(72)
　　　　　Peacock

第 1 课　川菜

川菜，是四川菜的简称。最大的特点是擅长调味，有
Chuāncài, shì Sìchuāncài de jiǎnchēng. Zuì dà de tèdiǎn shì shàncháng tiáowèi, yǒu
"一菜一格，百菜百味"的美誉。
"yí cài yì gé, bǎi cài bǎi wèi" de měiyù.
　　川菜以咸、甜、麻、辣、酸为基本味，在这五味的基础上再调
　　Chuāncài yǐ xián、tián、má、là、suān wéi jīběn wèi, zài zhè wǔwèi de jīchǔ shang zài tiáo-
配出麻辣、酸辣、鱼香、咸甜、糖醋等复合味型。川菜的用料
pèi chū málà、suānlà、yúxiāng、xiántián、tángcù děng fùhé wèixíng. Chuāncài de yòngliào
比较大众化，主要是肉类、蔬菜、豆制品等。但烹调方法讲究，
bǐjiào dàzhònghuà, zhǔyào shì ròulèi、shūcài、dòuzhìpǐn děng. Dàn pēngtiáo fāngfǎ jiǎngjiū,
有 50 多种，加上善于调味，所以做出的种类特别多。
yǒu 50 duō zhǒng, jiāshang shànyú tiáowèi, suǒyǐ zuòchū de zhǒnglèi tèbié duō.

Sichuan (Chuan) Cuisine

　　Sichuan dishes are spiced with a palette of exotic flavorings. Although hot and spicy is the basic approach, the cuisine offers much more. The chefs work with a medley of five tastes——salty, sweet, nutty, hot, and sour——to get the balanced effect they are seeking. On the basis of the five tastes comes the combination of distinctive tastes such as nutty hot, sour hot, fish flavor, salty sweet, and sweet sour. The Sichuan palate has become attuned to the vegetables, meat, and bean products. More than 50 cooking methods are used, and a great variety of dishes could be produced.

IN SEARCH OF CHINESE TREASURES

四川的火锅

第2课　鲁菜

鲁菜，是山东菜的简称。它以咸为基本味，在咸的基础上又有鲜咸、甜咸、酸咸、香咸、麻咸等不同味型。鲁菜既擅长做河鲜、海鲜，又以做汤菜出名。烹调方法讲究爆、炒、烧、炸、烤等，尤其以爆见长。爆的种类又有多种，如油爆、葱爆、酱爆、火爆、汤爆等。

Lǔcài, shì Shāndōngcài de jiǎnchēng. Tā yǐ xián wéi jīběn wèi, zài xián de jīchǔ shang yòu yǒu xiānxián、tiánxián、suānxián、xiāngxián、máxián děng bùtóng wèixíng. Lǔcài jì shàncháng zuò héxiān、hǎixiān, yòu yǐ zuò tāngcài chūmíng. Pēngtiáo fāngfǎ jiǎngjiū bào、chǎo、shāo、zhá、kǎo děng, yóuqí yǐ bào jiàncháng. Bào de zhǒnglèi yòu yǒu duō zhǒng, rú yóubào、cōngbào、jiàngbào、huǒbào、tāngbào děng.

Shandong（Lu）Cuisine

Shandong Cuisine is known for its salty flavor. From this basic approach come a medley of five tastes——heavy salty, sweet salty, sour salty, fragrant salty, and nutty salty. The cuisine includes many famous seafood dishes and is particularly famous for its soups. There are some distinct methods of cooking in Shandong Cuisine. They fall roughly into five categories: quick-frying (bao), stir-frying (chao), stewing in oil (shao), deep-frying (zha), and roasting (kao). Among them, quick-frying is most widely used. Variations include quick-frying in oil, with green onion, with a thick sauce, by fire, and with soup.

IN SEARCH OF CHINESE TREASURES

油爆乌鱼花／庞宋义 摄影

第3课 粤菜

粤菜, 就是 广东菜。 粤菜 最大 的 特点 是 用料 广泛。 粤菜
Yuècài, jiū shì Guǎngdōngcài. Yuècài zuì dà de tèdiǎn shì yòngliào guǎngfàn. Yuècài
味道 以 酸、 咸、辣、鲜 见长, 讲究 香、 脆、 酥、 嫩、 鲜、 甜。由于
wèidao yǐ suān、xián、là、xiān jiànchǎng, jiǎngjiū xiāng、 cuì、 sū、 nèn、 xiān、 tián. Yóuyú
粤菜 用料 讲究, 菜 的 品种 又 多, 所以 民间 有 "食 在 广州" 的
Yuècài yòngliào jiǎngjiū, cài de pǐnzhǒng yòu duō, suǒyǐ mínjiān yǒu "shí zài Guǎngzhōu" de
说法。
shuōfǎ.

Guangdong (Yue) Cuisine

Guangdong cooking is known for its richness and uniqueness of ingredients. The cuisine offers four tastes——sour, salty, hot, fresh and looks for fragrant, crisp, fresh, tender, and sweet flavor. Due to its unique ingredients and varieties of dishes, Guangdong-style cooking is claimed to be the best in China.

IN SEARCH OF CHINESE TREASURES

蛇汁大鲍鱼／谭植雄 摄影

第4课 淮扬菜

淮扬菜 是中国 八大菜系之一。淮，指淮河；扬，指扬州，
Huáiyángcài shì Zhōngguó bā dà càixì zhī yī. Huái, zhǐ Huái Hé; Yáng, zhǐ Yángzhōu,
也就是江苏省 南部地区。淮扬菜 爱用 糖来调味，使咸、酸、苦、
yě jiù shì Jiāngsū Shěng nánbù dìqū. Huáiyángcài ài yòng táng lái tiáowèi, shǐ xián, suān, kǔ,
辣等 强烈 的味道 变得柔和。淮扬菜 注重 火工 和造型，讲
là děng qiángliè de wèidao biàn de róuhé. Huáiyángcài zhùzhòng huǒgōng hé zàoxíng, jiǎng-
究原汤 原味。烹制 方法擅长 炖、煮、焖、烧等。
jiū yuántāng yuánwèi. Pēngzhì fāngfǎ shàncháng dùn, zhǔ, mèn, shāo děng.

Huai yang Cuisine

Huaiyang cuisine is one of the eight major schools of cooking in China. Huai refers to Huaihe River in central China; Yang refers to Yangzhou, a city located in southern Jiangsu province. Sweetness is the basic approach in Huaiyang cooking, and thus the flavors in the dishes tend to be light. The chefs pay particular attention to the control of the fire as well as the natural flavors of the ingredients. Cooking methods include stewing in water (dun), boiling (zhu), braising (men), and stewing in oil (shao).

IN SEARCH OF CHINESE TREASURES

拆烩鲢鱼头／刘启俊 摄影

第 5 课 北京烤鸭

北京 烤鸭 不仅 是 北京、 而且 是 中国 的 名菜。
Běijīng Kǎoyā bùjǐn shì Běijīng, érqiě shì Zhōngguó de míngcài.

北京 烤鸭 有 两 种 制作 方法。一 种 是 挂炉 明火 烤制，吃 这
Běijīng Kǎoyā yǒu liǎng zhǒng zhìzuò fāngfǎ. Yì zhǒng shì guàlú mínghuǒ kǎozhì, chī zhè

种 烤鸭，要 去 "全聚德"；另 一 种 是 闷炉 烤制 的，吃 这 种 烤鸭，
zhǒng kǎoyā, yào qù "Quánjùdé"; lìng yì zhǒng shì mēnlú kǎozhì de, chī zhè zhǒng kǎoyā,

要 去 "便宜坊"。
yào qù "Biànyífāng".

Beijing Roast Duck

Beijing Roast Duck is a unique dish not only in Beijing but also all over China.

Beijing Roast Duck falls into two types: the "grilled duck" and the "broiled duck". The former is offered at the Quanjude Roast Duck Restaurant and the latter at the Pianyifang Roast Duck Restaurant.

IN SEARCH OF CHINESE TREASURES

北京全聚德烤鸭／严向群 摄影

第 6 课　狗不理包子

狗不理包子，是天津食品"三绝"之一。传说，这种包子的
Gǒubulǐ bāozi, shì Tiānjīn shípǐn "sānjué" zhī yī. Chuánshuō, zhè zhǒng bāozi de
创始人　小名　叫狗子，由于他的包子馅儿大油多、香而不腻，
chuàngshǐrén xiǎomíng jiào Gǒuzi, yóuyú tā de bāozi xiànr dà yóu duō、xiāng ér bú nì,
所以很受欢迎。他一个人又做包子又卖包子，常常　忙不
suǒyǐ hěn shòu huānyíng. Tā yí ge rén yòu zuò bāozi yòu mài bāozi, chángcháng máng bu
过来。后来，他想了一个办法，在包子摊儿上　放一些筷子和碗。
guòlái. Hòulái, tā xiǎng le yí ge bànfǎ, zài bāozi tānr shang fàng yìxiē kuàizi hé wǎn.
谁买包子，谁就把钱　放在碗里。狗子就根据碗里的钱给包子。这
Shuí mǎi bāozi, shuí jiù bǎ qián fàng zài wǎn li. Gǒuzi jiù gēnjù wǎn li de qián gěi bāozi. Zhè
样，就可以节约说话　的时间了。人们　取笑他说："狗子卖包子，一概
yàng, jiù kěyǐ jiéyuē shuōhuà de shíjiān le. Rénmen qǔxiào tā shuō: "Gǒuzi mài bāozi, yígài
不理"。于是，"狗不理"就成　了他包子的品牌。
bù lǐ". Yúshì, "Gǒubulǐ" jiù chéng le tā bāozi de pǐnpái.

Goubuli Steamed Stuffed Buns

The Goubuli Steamed Stuffed Bun is one of the "three wonderful snacks" in Tianjin. According to the legend, a man named Gouzi (meaning dog) made steamed buns with delicious fillings. They were oily but not greasy. He made and sold steamed buns all by himself, so in some cases he even could not manage it. Finally he came upon a solution. He put some bowls and chopsticks on the table. Any customer who came to buy his steamed buns was required to drop the money into the bowl himself and Gouzi would give him steamed buns according to it. In this sense, his steamed buns were named after him by the name of "goubuli", meaning Gouzi was too busy to speak with his customers.

IN SEARCH OF CHINESE TREASURES

狗不理包子 / 杨敏志 摄影

第7课 京味小吃

京味小吃，是北京特有的风味食品。它集汉、满、蒙、回等
Jīngwèi Xiǎochī, shì Běijīng tèyǒu de fēngwèi shípǐn. Tā jí Hàn、Mǎn、Měng、Huí děng
几个民族小吃的精华，形成北京小吃独有的特点，那就是宫廷
jǐ ge mínzú xiǎochī de jīnghuá, xínchéng Běijīng Xiǎochī dúyǒu de tèdiǎn, nà jiù shì gōngtíng
小吃和民间小吃相结合。
xiǎochī hé mínjiān xiǎochī xiāng jiéhé.

Beijing Snacks

Beijing snacks are famous local food in Beijing. Based on the characteristics of the snacks of Han, Manchu, Mongolia, and Hui nationalities, then incorporated the imperial dishes with the folk ones, Beijing snacks have developed into a unique flavour in China.

IN SEARCH OF CHINESE TREASURES

小窝头和千层糕／张修身 摄影

第8课 宁波汤圆

汤圆,又名元宵。南宋时,宁波有个卖汤圆的江
Tāngyuán, yòu míng yuánxiāo. Nánsòng shí, Níngbō yǒu ge mài tāngyuán de Jiāng
阿狗,他对汤圆的用料进行了改进,做出来的汤圆,汤清、
Āgǒu, tā duì tāngyuán de yòngliào jìnxíng le gǎijìn, zuò chūlái de tāngyuán, tāng qīng、
色艳,团圆而有光泽,香气扑鼻,口感特别好,深受老少
sè yàn, tuányuán ér yǒu guāngzé, xiāngqì pūbí, kǒugǎn tèbié hǎo, shēnshòu lǎoshào
欢迎。于是,他的汤圆就成了宁波的特产。
huānyíng. Yúshì, tā de tāngyuán jiù chéng le Níngbō de tèchǎn.

Ningbo Dumplings (*Tangyuan*)

Tangyuan, also called Yuanxiao, is a special dumpling in China for the Lantern Festival. In the Song Dynasty, a man named Jiang Agou in Ningbo city perfected Yuanxiao fillings. His dumplings were delicious and looked pleasant. Being in public favor, Jiang's dumplings thus became a popular local food in Ningbo.

IN SEARCH OF CHINESE TREASURES

汤圆／郑光华 摄影

第9课 苏式小吃

苏式小吃，指的是江苏苏州一带的传统风味小吃。其中最著名的要数包子，如镇江的蟹黄包、常州的加蟹小笼包、淮安的文楼汤包、无锡的小笼包、扬州的五丁包子等，最具江苏风味。传说，五丁包子是当年乾隆下江南时，扬州人特地为他制作的，所以是包子中的精品。

Sūshì Xiǎochī, zhǐ de shì Jiāngsū Sūzhōu yídài de chuántǒng fēngwèi xiǎochī. Qízhōng zuì zhùmíng de yào shǔ bāozi, rú Zhènjiāng de Xièhuángbāo, Chángzhōu de Jiāxiè xiǎolóngbāo, Huái'ān de Wénlóu tāngbāo, Wúxī de xiǎolóngbāo, Yángzhōu de Wǔdīng bāozi děng, zuì jù Jiāngsū fēngwèi. Chuánshuō, Wǔdīng bāozi shì dāngnián Qiánlóng xià jiāngnán shí, Yángzhōu rén tèdì wèi tā zhìzuò de, suǒyǐ shì bāozi zhōng de jīngpǐn.

Suzhou-Style Snacks

Suzhou-style snacks refer to several traditional dishes of the regions around Suzhou, Jiangsu Province. Steamed stuffed buns are the prominent ones, which include Steamed Crab Buns of Zhenjiang city, Small Steamed Crab Buns of Changzhou city, Wenlou Steamed Buns of Huai'an city, Small Steamed Pork Buns of Wuxi city, and Wuding Steamed Buns of Yangzhou city. Legend has it that Wuding Steamed Buns were presented as a tribute to Emperor Qianlong of the Qing Dynasty when he visited Yangzhou in his south tour.

IN SEARCH OF CHINESE TREASURES

黄天元糕团店的各式精美糕点／金耀文 摄影

第10课 广式糕点

广式糕点用料广泛，巧妙地利用各种果仁、果蓉、
Guǎngshì gāodiǎn yōngliào guǎngfàn, qiǎomiào de lìyōng gèzhǒng guǒrén、guǒróng、
淀粉，创造出既美观又可口的各种风味糕点，著名的如:
diànfěn, chuàngzào chū jì měiguān yòu kěǒu de gèzhǒng fēngwèi gāodiǎn, zhūmíng de rú:
马蹄糕、绿茵白兔饺、糯米鸡、水晶红菱角等，都是又好吃又好看
Mǎtígāo、Lǜyīnbáitùjiǎo、Nuòmǐjī、Shuǐjīnghóng língjiǎo děng, dōu shì yòu hǎochī yòu hǎokàn
的风味食品。
de fēngwèi shípǐn.

Guangdong *Dim Sum*

Guangdong dim sum is famous for a variety of fillings and coverings. The ingredients include varieties of peanuts, pulps, and starches. By combining and cooking them in different ways, and producing them in different shapes, a wide choice can be made. A dim sum must not only taste good, but also look good. Among the famous desserts are hoof-shaped cakes, shrimp dumplings, chicken with glutinous rice, and crystal-like water chestnut.

广式糕点

第11课 新疆哈密瓜

哈密瓜是产于新疆的著名瓜果,因原产于吐鲁番盆地的
Hāmìguā shì chǎn yú Xīnjiāng de zhùmíng guāguǒ, yīn yuán chǎn yú Tǔlǔfān Péndì de
哈密而得名。
Hāmì ér démíng.

哈密瓜适于新疆的沙质土壤和干旱气候,正是这种自然
Hāmìguā shìyú Xīnjiāng de shāzhì tǔrǎng hé gānhàn qìhòu, zhèngshì zhè zhǒng zìrán
条件创造了哈密瓜独特的品质。哈密瓜含糖量高,维生素
tiáojiàn chuàngzào le Hāmìguā dútè de pǐnzhì. Hāmìguā hántángliàng gāo, wéishēngsù
丰富,果味甜美。哈密瓜和吐鲁番葡萄是新疆果品的两大名产,
fēngfù, guǒwèi tiánměi. Hāmìguā hé Tǔlǔfān pútáo shì Xīnjiāng guǒpǐn de liǎng dà míngchǎn,
在内地很有名。
zài nèidì hěn yǒumíng.

Hami Melons in Xinjiang

The Hami melon, one of the famous fruits in Xinjiang, got its name from its place of production Hami, a small town in the Turfan Basin. The melon thrives on heavily alkaline soil and needs neither rain nor irrigation during their growth under the blazing sun. It is delicious and contain the most glucose and vitamin. Xinjiang is well-known all over the country for its two famous fruits —— the Hami melon and Turfan grapes.

哈密瓜

第12课 吐鲁番葡萄

新疆葡萄的种类很多,最著名的有红似玛瑙、香脆爽
Xīnjiāng pútáo de zhǎnglèi hěn duō, zuì zhùmíng de yǒu hóng sì mǎnǎo、xiāngcuì shuǎng-
口的"红葡萄",有绿如翡翠、汁多味清、甜而不腻的"马奶子。"
kǒu de "Hóngpútáo", yǒu lǜ rú fěicuì、zhī duō wèi qīng、tián ér bú nì de "Mǎnǎizi."
其中最名贵的品种是吐鲁番出产的"无核白"。它晶莹剔透,皮
Qízhōng zuì mínguì de pǐnzhǒng shì Tǔlǔfān chūchǎn de "Wúhébái". Tā jīngyíng tītòu, pí
薄无核,含糖量很高,用它晾出来的葡萄干是绿色的,又好吃
báo wú hé, hántángliàng hěn gāo, yòng tā liàng chūlái de pútáogān shì lǜsè de, yòu hǎochī
又美观。
yòu měiguān.

Turfan Grapes

There are varieties of grapes in Xinjiang which vary in color from red to green and amber. Red Grapes are delicious; Manai Grapes are juicy. The most famous are Seedless White Grapes. They have thin skins and contain the most glucose, yet the raisins dried from them are green. They not only taste good, but also look good.

IN SEARCH OF CHINESE TREASURES

吐鲁番葡萄

第13课 中华猕猴桃

中华 猕猴桃 为 中国 原产 的 一种 世界 新兴 水果。中
Zhōnghuá Míhóutáo wéi Zhōngguó yuánchǎn de yì zhǒng shìjiè xīnxīng shuǐguǒ. Zhōng-
华 弥猴桃 果味 酸甜, 营养 丰富, 具有 保健 和 预防 疾病 的 特殊
huá Míhóutáo guǒwèi suāntián, yíngyǎng fēngfù, jùyǒu bǎojiàn hé yùfáng jíbìng de tèshū
功能, 是 近年 最 受 欢迎 的 水果 之一。中华 猕猴桃 的 产地 在
gōngnéng, shì jìnnián zuì shòu huānyíng de shuǐguǒ zhī yī. Zhōnghuá Míhóutáo de chǎndì zài
四川 等 省。
Sìchuān děng shěng.

Chinese Yangtao

Chinese Yangtao (Actinidia chinensis), originated from Sichuan Province in China, is a new fruit now consumed throughout the world. It is nutritious, with a sour and sweet taste. The fruit is valued for preventing diseases and is suitable for health care. In recent years it has become very popular.

IN SEARCH OF CHINESE TREASURES

维生素C含量很高的中华猕猴桃／于澄建 刘志江 摄影

第14课　砀山梨

砀山梨　产于安徽省的砀山县。它个大、皮薄、入口脆嫩无
Dàngshānlí chǎn yú Ānhuī Shěng de Dàngshān Xiàn. Tā gè dà、pí báo、rùkǒu cuì nèn wú
渣，甘甜异常。若掉到地上，整个梨呈粉碎状，脆嫩
zhā, gāntián yìcháng. Ruò diào dào dìshang, zhěnggè lí chéng fěnsuìzhuàng, cuì nèn
程度由此可见，所以又名"砀山酥梨"。
chéngdù yóu cǐ kě jiàn, suǒyǐ yòu míng "Dàngshān Sūlí".

Dangshan Pear

Cultivated in Dangshan county, Anhui Province, the pear is particularly characteristic of sweetness and thin skin. The pear is so crisp that, once it falls down the ground, it smashes to pieces. It has therefore won itself the name of "Crisp Pear of Dangshan".

IN SEARCH OF CHINESE TREASURES

砀山梨／朱涛 摄影

第15课 烟台苹果

烟台苹果 产于山东 半岛 的烟台 地区。烟台 苹果 个儿大,色泽
Yāntái píngguǒ chǎn yú Shāndōng Bàndǎo de Yāntái dìqū. Yāntái píngguǒ gèr dà, sèzé
光亮, 清香 脆甜,营养 价值高, 是北方 著名 水果。
guānglìang, qīngxiāng cuì tián, yíngyǎng jiàzhí gāo, shì běifāng zhùmíng shuǐguǒ.

Yantai Apple

Cultivated in Yantai on the Shandong Peninsular, the Yantai apple is big, sweet, crisp, and pleasant in color. It is highly valued in North China for its nutritious content.

IN SEARCH OF CHINESE TREASURES

烟台市栖霞县—中国苹果第一县 / 杨秀云 摄影

第16课 荔枝

荔枝，产于福建、广东、广西、四川、云南及台湾等省，
Lìzhī, chǎn yú Fújiàn, Guǎngdōng, Guǎngxī, Sìchuān, Yúnnán jí Táiwān děng shěng,
是亚热带常绿果树。
shì yàrèdài chánglǜ guǒshù.
　　荔枝肉厚、色白、汁浓，味道鲜美，营养丰富。但是，它非常
　　Lìzhī ròu hòu, sè bái, zhī nóng, wèidào xiānměi, yíngyǎng fēngfù. Dànshì, tā fēicháng
娇贵，容易变质。所以，荔枝一定要吃新鲜的。
jiāoguì, róngyì biànzhì. Suǒyǐ, lìzhī yídìng yào chī xīnxiānde.

Lychee

　　Lychee, an evergreen subtropical tree, is native to Fujian, Guangdong, Guangxi, Sichuan, Yunnan, and Taiwan. Lychee bears small round fruit, with a stiff outer rind. The flesh is pearly white and has a delicate and sweet flavor. It is delicious and nutritious, yet liable to go bad. Thus they would better to be eaten fresh.

IN SEARCH OF CHINESE TREASURES

岭南荔枝／邓少天 赖锦浩 摄影

第 17 课　龙眼

龙眼，又名桂圆，产于福建、广东、广西和台湾几个省。
Lóngyǎn, yòu míng guìyuán, chǎn yú Fújiàn、Guǎngdōng、Guǎngxī hé Táiwān jǐ ge shěng.
福建最多，约占全国总产量的一半以上。
Fújiàn zuì duō, yuē zhàn quánguó zǒng chǎnliàng de yíbàn yǐshàng.
龙眼树生长于亚热带，一般可以活数百年，所以被称为
Lóngyǎnshù shēngzhǎng yú yàrèdài, yìbān kěyǐ huó shù bǎi nián, suǒyǐ bèi chēngwéi
"长寿果树"。它的果实球形，外皮黄褐色，果肉白色，果味
"Chángshòu Guǒshù". Tā de guǒshí qiúxíng, wàipí huánghèsè, guǒròu báisè, guǒwèi
甘甜，营养丰富，是水果中的珍品。
gāntián, yíngyǎng fēngfù, shì shuǐguǒ zhōng de zhēnpǐn.

Longan

　　Longan, also spelled as lungan, is a subtropical fruit tree native to Fujian, Guangdong, Guangxi, and Taiwan. Fujian produces over half of the total amount in China. The Longan tree, known as the "Tree of Longevity", lives hundreds of years. It bears an edible fruit with white, juicy pulp and yellowish-brown skin. The fruit is sweet and nutritious.

IN SEARCH OF CHINESE TREASURES

桂圆／王天 摄影

第18课 台湾香蕉

台湾 岛 属于 热带、亚热带 气候, 温暖 潮湿、雨量 充沛, 正好
Táiwān Dǎo shǔyú rèdài、yàrèdài qìhòu, wēnnuǎn cháoshī、yǔliàng chōngpèi, zhènghǎo
适合 于 香蕉 生长。 在 台湾 生长 的 80 多 种 水果 中, 香
shìhé yú xiāngjiāo shēngzhǎng. Zài Táiwān shēngzhǎng de 80 duō zhǒng shuǐguǒ zhōng, xiāng-
蕉 可以 说 是 果 中 之"王" 了, 不仅 产量 多, 而且 远销 世界 各国。
jiāo kěyǐ shuō shì guǒ zhōng zhī "wáng" le, bùjǐn chǎnliàng duō, érqiě yuǎnxiāo shìjiè gè guó.

Taiwan Banana

The island of Taiwan, located astride the tropical and subtropical zones, is warm and humid all year round, with sufficient rainfall. Bananas thrive in such a humid tropical climate. There are 80 or more varieties of fruits under cultivation, amongst which the banana is grown most successfully.

IN SEARCH OF CHINESE TREASURES

果中之王——香蕉／丁一 摄影

第19课　中国茶叶

中国是茶的故乡，产茶和喝茶的历史都很长。
Zhōngguó shì chá de gùxiāng, chǎn chá hé hē chá de lìshǐ dōu hěn cháng.
各地名茶，如绿茶中的西湖龙井、太湖碧螺春，红茶中
Gèdì míng chá, rú lǜchá zhōng de Xī Hú Lóngjǐng, Tài Hú Bìluóchūn, hóngchá zhōng
的云南滇红、安徽祁红，此外，福州和苏州的茉莉花茶、福建的
de Yúnnán Diānhóng, Ānhuī Qíhóng, cǐwài, Fúzhōu hé Sūzhōu de mòlìhuāchá, Fújiàn de
乌龙茶和铁观音等，也都名气很大。
wūlóngchá hé tiěguānyīn děng, yě dōu míngqì hěn dà.

Prime Tea of China

China is the homeland of tea and has a long history of cultivating, processing, and drinking.

The famous brands of tea include the green tea like Dragon Well produced in West Lake, Biluochun produced in Lake Tai; the black tea like Dianhong in Yunnan and Qihong in Anhui. In addition, the jasmine tea made in Fuzhou and Suzhou, the Oolong tea and Tieguanyin made in Fujian are also well-known.

IN SEARCH OF CHINESE TREASURES

四川蒙山顶上的一片茶场／金耀文 摄影

第20课 苏杭丝绸

中国是世界上最早生产丝绸的国家,有"丝绸之国"的美称。苏州和杭州又是中国盛产丝绸的地方,有"丝绸之府"的美誉。苏杭丝绸历史悠久,已经有4700年的历史了。苏杭丝绸花色和种类繁多,绫、罗、绸、缎、锦、纺、绒、纱,无所不有,常年织造的品种有300多,花样上万个。

Zhōngguó shì shìjiè shang zuì zǎo shēngchǎn sīchóu de guójiā, yǒu "Sīchóuzhīguó" de měichēng. Sūzhōu hé Hángzhōu yòu shì Zhōngguó shèngchǎn sīchóu de dìfang, yǒu "Sīchóu zhīfǔ" de měiyù. Sū Háng sīchóu lìshǐ yōujiǔ, yǐjīng yǒu 4700 nián de lìshǐ le. Sū Háng sīchóu huāsè hé zhǒnglèi fánduō, líng, luó, chóu, duàn, jǐn, fǎng, róng, shā, wú suǒ bù yǒu, chángnián zhīzào de pǐnzhǒng yǒu 300 duō, huāyàng shàng wàn ge.

Silk Weaving in Suzhou and Hangzhou

Entitled as the "Silk Country", China is the first producer of silk in the world. Centers of silk weaving are stringed in Suzhou and Hangzhou, which are known as the "Silk Cities". Silk production was started in the circa 4,700 years ago. There are more than 300 types and thousands of designs in silk production, with a variety of colorful silks and satins, cottons and brocades.

IN SEARCH OF CHINESE TREASURES

瑰丽多彩的丝绸服装／李长捷 摄影

第21课　中国陶瓷

陶瓷 和 丝绸 一样，是 中国 古代 伟大 的 发明 之一。
Táocí hé sīchóu yíyàng, shì Zhōngguó gǔdài wěidà de fāmíng zhī yī.

现在，中国 的陶瓷 产业 遍及 全国 各地，著名 的 产地 有：江西的 景德镇、 湖南 的 醴陵、 河北 的 唐山 和 邯郸、 山东 的 淄博、
Xiànzài, Zhōngguó de táocí chǎnyè biànjí quánguó gèdì, zhùmíng de chǎndì yǒu: Jiāngxī de Jǐngdézhèn、Húnán de Lǐlíng、Héběi de Tángshān hé Hándān、Shāndōng de Zībó、
广东 的 石湾、 安徽 的 界首、 云南 的 建水 等。
Guǎngdōng de Shíwān、Ānhuī de Jièshǒu、Yúnnán de Jiànshuǐ děng.

Porcelain

Porcelain, like silk, is one of the greatest inventions of the Chinese people.

Chinese porcelain became so well-known worldwide that the word "China" became the popular name for porcelain. Every production center was marked by its unique invention in different periods of Chinese history, the most famous of which are as follows: Jingdezhen in Jiangxi, Liling in Hunan, Tangshan and Handan in Hebei, Zibo in Shandong, Shiwan in Guangdong, Jieshou in Anhui, and Jianshui in Yunnan.

IN SEARCH OF CHINESE TREASURES

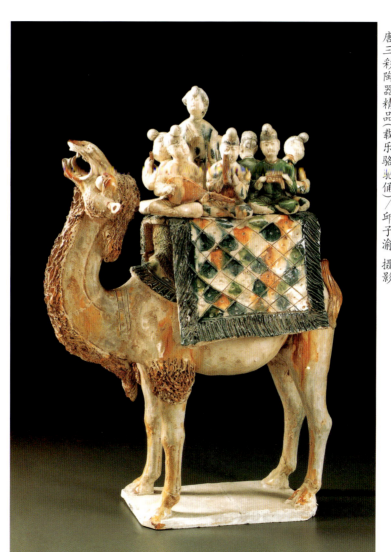

唐三彩陶器精品（载乐骆驼俑）／邱子渝 摄影

第22课 景泰蓝

景泰蓝是一种铜和珐琅相结合的工艺品。景泰蓝品种数
Jǐngtàilán shì yì zhǒng tóng hé fàláng xiāng jiéhé de gōngyìpǐn. Jǐngtàilán pǐnzhǒng shù
以千计，有仿古代青铜器的炉、鼎；有仿古代瓷器、木刻的瓶、
yǐ qiān jì, yǒu fǎng gǔdài qīngtóngqì de lú, dǐng; yǒu fǎng gǔdài cíqì, mùkè de píng,
盒等器皿；有艺术品和实用品相结合的各种灯具、烟具、文具、
hé děng qìmǐn; yǒu yìshùpǐn hé shíyòngpǐn xiāng jiéhé de gèzhǒng dēngjù, yānjù, wénjù,
餐具以及屏风、壁饰、首饰等。
cānjù yǐjí píngfēng, bìshì, shǒushì děng.

Cloisonné

A jingtailan article has a body of copper and enamel. It is mainly supplied for use in the form of incense-burners, vases, jars, wooden bottles, boxes——all in imitation of antique porcelain and bronze. Present-day production stresses the adding of ornamental beauty to things that are useful. The artifacts include lanterns, tools for cigarettes, stationary, cooking utensils, screens, wall hangings, and jewelry, etc.

IN SEARCH OF CHINESE TREASURES

景泰蓝钢花瓶宝车尊

第23课　吉林人参

人参　是名贵　药材，因　根部　类似　人形　而　得名。吉林省　长白
Rénshēn shì míngguì yàocái, yīn gēnbù lèisì rénxíng ér démíng. Jílín Shěng Chángbái
山区　出产　的　人参　品质　最　好。
shānqū chūchǎn de rénshēn pǐnzhì zuì hǎo.

人参　的　根部　干燥　后可以　入药，能　补养　身体　和　兴奋　中枢
Rénshēn de gēnbù gānzào hòu kěyǐ rù yào, néng bǔyǎng shēntǐ hé xīngfèn zhōngshū
神经　等，药用　价值　很　高。
shénjīng děng, yàoyòng jiàzhí hěn gāo.

Jilin Ginseng

　　Ginseng is a valuable medicinal plant. It is so named because it resembles the human figure. The ginseng produced in Changbai Mountains of the northeastern Jilin Province is considered to be the first class.

　　After being dried, the roots can be used to treat a variety of diseases. They can stimulate the central nervous system and strengthen the human body.

名贵药材——人参／刘启俊 摄影

第 24 课 大熊猫

大熊猫生活在2000~4000米的高山丛林中，喜欢吃竹类植
Dàxióngmāo shēnghuó zài 2000~4000 mǐ de gāoshān cónglín zhōng, xǐhuan chī zhúlèi zhí-
物,尤其喜欢吃箭竹和竹笋。熊猫的体态肥胖，性情孤独,喜欢
wù, yóuqí xǐhuan chī jiànzhú hé zhúsǔn. Xióngmāo de tǐtài féipàng, xìngqíng gūdú, xǐhuan
爬树。它的繁殖能力很低，每胎通常只产一仔,且成活率不高。
pá shù. Tā de fánzhí nénglì hěn dī, měi tāi tōngcháng zhǐ chǎn yì zǎi, qiě chénghuólǜ bù gāo.
1962年，中国政府确定大熊猫为国家保护的珍稀动物，设立
1962 nián, Zhōngguó zhèngfǔ quèdìng dàxióngmāo wéi guójiā bǎohù de zhēnxī dòngwù, shèlì
了大熊猫自然保护区。
le dàxióngmāo zìrán bǎohùqū.

Giant Panda

Native to the dense forest in northwestern Sichuan, Shaanxi, and southern Guangxi in China, the giant panda lives at elevations of 2,000 to 4,000 meters above sea level. It feeds exclusively on spruce and evergreen "arrow bamboo" (Sinarundinaria nitida). For this diet it has developed excessively large and massive muscles. It is fat and solitary. It climbs well and is agile in trees. The giant panda has a low fertility, with only one cub in a litter born. In 1962, the Chinese government placed the giant panda first on the list of animals to be protected. Some natural reserves have been established in its habitat.

IN SEARCH OF CHINESE TREASURES

大熊猫

第25课 金丝猴

金丝猴 是 中国 特有 的 动物，主要 分布 于 四川、 云南、 贵州、
Jīnsīhóu shì Zhōngguó tèyǒu de dòngwù, zhǔyào fēnbù yú Sìchuān、 Yúnnán、Guìzhōu、
湖北、 甘肃 和 陕西 南部 的 高山 密林 中。 各地 的 金丝猴 稍 有 差别，
Húběi、 Gānsù hé Shǎnxī nánbù de gāoshān mìlín zhōng. Gèdì de jīnsīhóu shāo yǒu chābié,
比如 生活 在 湖北 神农架 的 金丝猴，特点 是 毛色 金黄； 分布 于 贵州
bǐrú shēnghuó zài Húběi Shénnóngjià de jīnsīhóu, tèdiǎn shì máosè jīnhuáng; fēnbù yú Guìzhōu
和 四川 之间 的 金丝猴，除 两 肩之间 有 一 大 块 白毛 外, 其余 皆 为
hé Sìchuān zhījiān de jīnsīhóu, chú liǎng jiān zhījiān yǒu yí dà kuài báimáo wài, qíyú jiē wéi
暗灰色，所以 又 叫"灰金丝猴"； 云南 的 金丝猴，体毛 除 胸、 腹、 四肢 内
ànhuīsè, suǒyǐ yòu jiào "huījīnsīhóu"; Yúnnán de jīnsīhóu, tǐmáo chú xiōng、 fù、 sìzhī nèi
侧 和 臀部 是 白色 外，别 的 地方 都 是 黑灰色，所以 又 叫 "黑金丝猴"。
cè hé túnbù shì báisè wài, bié de dìfāng dōu shì hēihuīsè, suǒyǐ yòu jiào "hēijīnsīhóu".

Golden Monkey

The Golden monkey is only found in China. They inhabit the dense forest of the mountainous areas of Sichuan, Yunnan, Guizhou, Hubei, Gansu, and southwestern Shaanxi. There are different genera of golden monkeys, with different varieties in different regions. For instance, those who live in Shennongjia are characterized by golden fur; those at the border areas between Sichuan and Guizhou are called "grey golden monkeys" because their fur is all grey except the part between its two shoulders; those in Yunnan are named "black golden monkeys" because they have black fur on the whole body except that the breast, stomach, limbs, and backs are white.

IN SEARCH OF CHINESE TREASURES

金丝猴／戴铭 摄影

第26课 东北虎

东北虎 生长 于中国 东北 的长白 山、小兴安岭 一带。
Dōngběihǔ shēngzhǎng yú Zhōngguó Dōngběi de Chángbái Shān、Xiǎoxīng'ānlǐng yídài.
它 体型 很 大，毛色 极 淡，是 世界 上 的 珍稀 动物 之一。现在，野生
Tā tǐxíng hěn dà, máosè jí dàn, shì shìjiè shang de zhēnxī dòngwù zhī yī. Xiànzài, yěshēng
东北虎 仅 存 30 多 只，是 国家 一级 保护 动物。 为了 保护 东北虎 的
Dōngběihǔ jǐn cún 30 duō zhī, shì guójiā yījí bǎohù dòngwù. Wèile bǎohù Dōngběihǔ de
生存 空间，长白 山 和小兴安岭 划出 了自然 保护区。在 黑龙江
shēngcún kōngjiān, Chángbái Shān hé Xiǎoxīng'ānlǐng huàchū le zìrán bǎohùqū. Zài Hēilóngjiāng
省， 还建立了东北虎 人工 饲养 和繁殖 基地。
Shěng, hái jiànlì le Dōngběihǔ réngōng sìyǎng hé fánzhí jīdì.

Manchurian Tiger

The Manchurian tiger, one of the world's rare animals, lives mostly in the rugged Changbai mountains and Lesser Xing' an range in northeastern China. It has a magnificent body and light-colored fur. Only about 30 Manchurian tigers survive in a natural reserve. The Chinese government has placed it under top class state protection. In order to maintain sufficient areas for the tiger, natural reserves have been set up in the heart of the Changbai mountains and Lesser Xing' an range. The Manchurian Tiger Breeding Center has been set up in Heilongjiang Province for active breeding and raising of the surving tigers.

IN SEARCH OF CHINESE TREASURES

东北虎／罗文发 肖鸣 摄影

第27课 华南虎

华南虎 分布 于 长江 以 南 的 山林 地区。华南虎 与 东北虎 相比,
Huánánhǔ fēnbù yú Chángjiāng yǐ nán de shānlín dìqū. Huánánhǔ yǔ Dōngběihǔ xiāngbǐ,
体型 较 小,毛色 深 而且 浓。野生 华南虎 的 数量 也 很 少,是 国家
tǐxíng jiào xiǎo, máosè shēn érqiě nóng. Yěshēng Huánánhǔ de shùliàng yě hěn shǎo, shì guójiā
重点 保护 动物。
zhòngdiǎn bǎohù dòngwù.

South China Tiger

The South China tiger inhabits the dense forests south of the Yangtze River. Compared with the Manchurian tiger, it is a little smaller in size. Its fur has a strong color. Wild South China tigers are now small in number and have been placed under top class state protection.

IN SEARCH OF CHINESE TREASURES

小华南虎

第28课 亚洲象

云南 的 西双版纳 地区 有 野象 出没，所以 被 国家 列 为 野象
Yúnnán de Xīshuāngbǎnnà dìqū yǒu yěxiàng chūmò, suǒyǐ bèi guójiā liè wéi yěxiàng
自然 保护区。
zìrán bǎohùqū.

亚洲象 体重 可达到 1～3吨, 寿命 长达 100～120岁。它与非洲
Yàzhōuxiàng tǐzhòng kě dádào 1～3 dūn, shòumìng chángdá 100～120 suì. Tā yǔ Fēizhōu-
象 的 最大 区别 在于 容易 被人 驯养。印度、泰国、缅甸 和 柬埔寨
xiàng de zuì dà qūbié zàiyú róngyì bèi rén xúnyǎng. Yìndù、Tàiguó、Miǎndiàn hé Jiǎnpǔzhài
等 国，都 驯养 大象 供 人 骑坐 或 运输 货物，有 的 还用来 表
děng guó, dōu xúnyǎng dàxiàng gōng rén qízuò huò yùnshū huòwù, yǒu de hái yònglái biǎo-
演 节目，娱乐 游客。
yǎn jiémù, yúlè yóukè.

Asian Elephant

In China, elephants can be found only in Xishuang Banna in Yunnan Province, where a natural reserve has been established by the State Council.

The Asian elephants may weigh one to three tons, with a life expectancy of 100 to 120 years. Unlike the African elephants, they are docile and can be trained. In India, Thailand, and Kampuchea, Asian elephants are chosen for parading and for transport. Some are taught to entertain and perform.

IN SEARCH OF CHINESE TREASURES

出没于热带丛林的亚洲象／陈海宁 摄影

第 29 课　白唇鹿

白唇鹿　是中国　特有的　珍稀　动物，为　国家　一级　保护　动物。
Báichúnlù shì Zhōngguó tèyǒu de zhēnxī dòngwù, wéi guójiā yījí bǎohù dòngwù.

白唇鹿　全身　黄褐色，只有　嘴角和下唇　是白色，因此　得名。
Báichúnlù quánshēn huánghèsè, zhǐyǒu zuǐjiǎo hé xiàchún shì báisè, yīncǐ démíng.

白唇鹿　生活　在海拔 3500～5000 米的高山　森林带或森林草原　带，
Báichúnlù shēnghuó zài hǎibá 3500～5000 mǐ de gāoshān sēnlín dài huò sēnlín cǎoyuán dài,

青海、西藏、四川　等　地可以见到　它的身影。
Qīnghǎi, Xīzàng, Sìchuān děng dì kěyǐ jiàndào tā de shēnyǐng.

White-lipped Deer

Numerous species of deer are found in China, among which the most interesting being is the one with white lower lip. It is a rare animal which has been listed for top class state protection. This type of deer is confined to the mountainous forest areas and grasslands at an elevation of 3,500 to 5,000 meters above sea level in Qinghai, Tibet, and Sichuan.

IN SEARCH OF CHINESE TREASURES

白唇鹿／贾玉江 刘启俊 摄影

第30课 白头叶猴

白头叶猴生长于广西省西南部,是非常珍稀的野生动物。
Báitóuyèhóu shēngzhǎng yú Guǎngxī Shěng xīnánbù, shì fēicháng zhēnxī de yěshēng dòngwù.

白头叶猴相貌奇特:头、脖子、肩和尾巴尖的毛色都是雪白的,像染了霜,而身体的其他部位都是黑色的,颜色对比鲜明。
Báitóuyèhóu xiàngmào qítè: tóu、bózi、jiān hé wěibajiān de máosè dōu shì xuěbái de, xiàng rǎn le shuāng, ér shēntǐ de qítā bùwèi dōu shì hēisè de, yánsè duìbǐ xiānmíng.

白头叶猴的性情也非常温顺,具有很高的观赏性。
Báitóuyèhóu de xìngqíng yě fēicháng wēnshùn, jùyǒu hěn gāo de guānshǎngxìng.

The White-Headed Leaf Monkey

The White-Headed Leaf Monkey, a precious rare animal, inhabits the subtropical forests of southwestern Guangxi. The monkey has an unusual appearance. Its black body forms a contrast to its snow-white head, neck, and shoulders. It has a pleasant temperament and is highly valued by human beings.

IN SEARCH OF CHINESE TREASURES

白头叶猴

第31课 野牦牛

野牦牛，生活在海拔4000～6000米的青藏高原上，是中国
Yěmáoniú, shēnghuó zài hǎibá 4000～6000 mǐ de Qīngzàng Gāoyuán shang, shì Zhōngguó
特有的动物。野牦牛身材高大，浑身的毛又长又厚，不怕风
tèyǒu de dòngwù. Yěmáoniú shēncái gāodà, húnshēn de máo yòu cháng yòu hòu, búpà fēng
雪严寒。经过驯化的野牦牛，可以在风雪严寒的高原地区用
xuě yánhán. Jīngguò xùnhuà de Yěmáoniú, kěyǐ zài fēngxuě yánhán de gāoyuán dìqū yòng
来运输货物，所以被称为"高原之舟"。
lái yùnshū huòwù, suǒyǐ bèi chēng wéi "gāoyuánzhīzhōu".

Wild Yak

Wild yak are found at an elevation of 4,000 to 6,000 meters above sea level on the Qinghai-Tibet Plateau and are one of the rare animals of China. It is a large, tall animal with enormously long and thick hair, which keeps it warm in the cold weather. The domesticated kind, valued as the "Vehicle of the Plateau", is used principally for transportation.

IN SEARCH OF CHINESE TREASURES

西藏那曲牧场的野牦牛／杜泽泉 摄影

第32课 中华鲟

中华鲟 是 距今1.5亿年前 残存 下来的 介于 软骨 和 硬骨 鱼类之
Zhōnghuáxún shì jù jīn 1.5 yì nián qián cáncún xiàlái de jièyú ruǎngǔ hé yìnggǔ yúlèi zhī
间 的 珍稀 鱼类，有"活化石" 之 称。
jiān de zhēnxī yúlèi, yǒu "huóhuàshí" zhī chēng.

中华鲟 生活 习性 特别，喜欢 穿行 于江海 之间。一到
Zhōnghuáxún shēnghuó xíxìng tèbié, xǐhuan chuānxíng yú jiānghǎi zhī jiān. Yí dào
成年， 他们 便 结伴 告别 大海，逆长江 而上， 进行 艰难 而 愉快
chéngnián, tāmen biàn jiébàn gàobié dàhǎi, nì Chángjiāng ér shàng, jìnxíng jiānnán ér yúkuài
的 旅行 结婚。它们 穿越 三 峡，直抵 四川 金沙 江，在那里 生 儿
de lǚxíng jiéhūn. Tāmen chuānyuè Sān Xiá, zhí dǐ Sìchuān Jīnshā Jiāng, zài nàli shēng ér
育 女。然后， 再 顺 长江 而下， 返回 大海。中华鲟 是 国家 重点
yù nǚ. Ránhòu, zài shùn Chángjiāng ér xià, fǎnhuí dàhǎi. Zhōnghuáxún shì guójiā zhòngdiǎn
保护 的 珍稀 鱼类。
bǎohù de zhēnxī yúlèi.

Chinese Paddlefish

The Chinese Paddlefish is a rare fish that has lived on the earth since 150 million years ago and is generally regarded as a living fossil. It is neither a cartilaginous fish nor a bony fish.

Paddlefish usually migrates between rivers and seas. Once adult, they migrate upstream to spawn from the sea along the Yangtze River, laying its eggs on gravel bars of the Jinsha River in Sichuan Province. Being less common than it was a few years ago, the paddlefish is now listed as a rare fish under the state protection.

IN SEARCH OF CHINESE TREASURES

养在研究所的成年中华鲟／罗世能 摄影

第33课 扬子鳄

扬子鳄 是 中国 特有 的 爬行 动物。它 体长 2米 左右,生活 于
Yángzǐ'è shì Zhōngguó tèyǒu de páxíng dòngwù. Tā tǐ cháng 2 mǐ zuǒyòu, shēnghuó yú
长江 中下游 的 江河湖泊 和 沼泽 之 中, 数量 很 少,极为 珍贵,
Chángjiāng Zhōngxiàyóu de jiānghéhúpō hé zhǎozé zhī zhōng, shùliàng hěn shǎo, jí wéi zhēnguì,
是 国家 大力 保护 的 动物 之 一。
shì guójiā dàlì bǎohù de dòngwù zhī yī.

Yangtze Alligator

Yangtze alligator is a typical reptile living in China. It grows up to two meters, with much of that length being taken up by its long flexible tail. The alligator lives in the lake and marsh areas of the Middle-Lower reaches of the Yangtze River. Being small in number, it has been classified as a rare animal and is under special protection of the State Council.

IN SEARCH OF CHINESE TREASURES

扬子鳄

第34课 朱鹭

朱鹭，是东亚地区特有的鸟类。朱鹭身体很大，嘴细长而弯曲，
Zhūlù, shì Dōngyà dìqū tèyǒu de niǎolèi. Zhūlù shēntǐ hěn dà, zuǐ xìcháng ér wānqū,
非常漂亮。以前朝鲜半岛和我国都有朱鹭分布，现在只有在
fēicháng piàoliang. Yǐqián Cháoxiǎn Bàndǎo hé wǒguó dōuyǒu Zhūlù fēn-bù, xiànzài zhǐyǒu zài
中国才能看到，而且仅仅在陕西秦岭南坡有朱鹭种群，
Zhōngguó cái néng kàndào, érqiě jǐnjǐn zài Shǎnxī Qínlǐng nánpō yǒu zhūlù zhǒngqún,
数量极少。所以，被世界鸟类协会列为受保护的濒危鸟类。
shùliàng jí shǎo. Suǒyǐ, bèi Shìjiè Niǎolèi Xiéhuì liè wéi shòu bǎohù de bīnwēi niǎolèi.

Crested Ibis

Ibis, also called the ibisbill, is a southeastern Asian bird having a large body and a slender down-curved bill. The bird used to inhabit the Korean Peninsular and China. It now occurs only in small numbers on the southern slopes of the Qinling mountains in Shaanxi Province. The World Bird Studies Association listed the ibis as a rare bird nearing extinction.

IN SEARCH OF CHINESE TREASURES

朱鹮／陶明 摄影

第35课 孔雀

云南省 西双版纳 傣族自治州 是中国 孔雀 的故乡。
Yúnnán Shěng Xīshuāngbǎnnà Dǎizú Zìzhìzhōu shì Zhōngguó kǒngquè de gùxiāng.
孔雀 的美丽是其他鸟类无法相比 的，因此有"鸟 中 之 王" 的
Kǒngquè de měilì shì qítā niǎolèi wúfǎ xiāngbǐ de, yīncǐ yǒu "niǎo zhōng zhī wáng" de
美誉。世界 上 的孔雀 有 两 种， 一是绿孔雀， 一是蓝孔雀。
měiyù. Shìjiè shang de kǒngquè yǒu liǎng zhǒng, yī shì lǜ kǒngquè, yī shì lán kǒngquè.
生活 在我国 云南 的孔雀 属于绿孔雀， 是国家二级 保护 动物。
Shēnghuó zài wǒguó Yúnnán de kǒngquè shǔyú lǜ kǒngquè, shì guójiā èrjí bǎohù dòngwù.

Peacock

Peacocks are among the most beautiful birds and certainly the most magnificent. They are known as the "King of Birds". Suffice to say, from the standpoint of classification, their two species are the green (P. Muticus) and the blue (P. Cristatus). Xishuang Banna, the Dai Nationality Autonomous Prefecture in Yunnan Province, is the home of the green peafowl. The peacocks are second class animals under the state protection.

云南绿孔雀

China: A Great Country

中国那个地方（三）

in the East (III)

Outstanding Tourist Spots in China

九州名胜

编写 张英
英译 傅勇

北京语言大学出版社

前 言

《中国那个地方》画册是中国国家对外汉语教学领导小组办公室委托北京语言大学出版社编辑出版的向海外华裔子女介绍中国基本情况的课外读物。本书分四册：

  第一册 《龙的故乡》介绍中国概况；
  第二册 《华夏春秋》介绍中国历史文化人物；
  第三册 《九州名胜》介绍中国自然和文化名胜；
  第四册 《中华物产》介绍中国特有物产。

本书配有汉语拼音和英文译文，图片采自中国《人民画报》社和中国图片网。

北京语言大学出版社

作者简介

张英 女 北京大学对外汉语教育学院教师 本书撰稿人

傅勇 男 北京语言大学外国语学院教师 本书英文译者

目 录
Table of Contents

第1课　北京故宫(4)
　　　　The Palace Museum

第2课　天坛(6)
　　　　The Temple of Heaven

第3课　颐和园(8)
　　　　The Summer Palace

第4课　圆明园遗址(10)
　　　　The Old Summer Palace: Yuanming Yuan

第5课　明十三陵(12)
　　　　Ming Tombs

第6课　万里长城(14)
　　　　The Great Wall

第7课　承德避暑山庄(16)
　　　　The Summer Resort in Chengde

第8课　云冈石窟(18)
　　　　Yungang Grottoes

第9课　五台山(20)
　　　　Mount Wutai

第10课　泰山(22)
　　　　Mount Tai

第11课　中山陵(24)
　　　　The Sun Yat—sen Mausoleum

第12课　黄山 (26)
Mount Huang

第13课　九华山 (28)
Mount Jiuhua

第14课　龙门石窟 (30)
Longmen Grottoes

第15课　杭州西湖 (32)
West Lake in Hangzhou

第16课　普陀山 (34)
Mount Putuo

第17课　黄鹤楼 (36)
Yellow Crane Tower

第18课　武当山 (38)
Mount Wudang

第19课　庐山 (40)
Mount Lu

第20课　滕王阁 (42)
Prince Teng Pavilion

第21课　张家界 (44)
Zhangjiajie Natural Reserve

第22课　岳阳楼 (46)
Yueyang Tower

第23课　黄帝陵 (48)
Tomb of Huangdi the Yellow Emperor

第 24 课　秦兵马俑(50)
　　　　　Qin Shi—huang's Terra—Cotta Army

第 25 课　嘉峪关(52)
　　　　　Jiayu Pass

第 26 课　敦煌莫高窟(54)
　　　　　Mogao Grottoes in Dunhuang

第 27 课　长江三峡(56)
　　　　　The Three Gorges on Yangtze River

第 28 课　九寨沟(58)
　　　　　Jiuzhaigou Natural Reserve

第 29 课　峨眉山(60)
　　　　　Mount Emei

第 30 课　黄果树瀑布(62)
　　　　　Huangguoshu Waterfalls

第 31 课　桂林山水(64)
　　　　　Spectacular Scenery of Guilin

第 32 课　石林(66)
　　　　　Stone Forest

第 33 课　布达拉宫(68)
　　　　　The Potala Palace

第 34 课　阿里山云海(70)
　　　　　Mount Ali

第 35 课　日月潭(72)
　　　　　The Sun and the Moon Lake

第1课 北京故宫

北京 故宫, 又 称 紫禁城, 始建 于 1406 年, 历14 年 后 完成,
Běijīng Gùgōng, yòu chēng Zǐjìnchéng, shǐjiàn yú 1406 nián, lì 14 nián hòu wánchéng,
是 明、 清 两代 的 皇宫。
shì Míng、Qīng liǎngdài de huánggōng.

北京 故宫 是 中国 现存 规模 最大、最完整 的 帝王 宫殿
Běijīng gùgōng shì Zhōngguó xiàncún guīmó zuì dà、zuì wánzhěng de dìwáng gōngdiàn
和 古建筑 群。
hé gǔjiànzhù qún.

The Palace Museum

The Palace Museum, known to Westerners as the Forbidden City, is the former imperial palace of the Ming and Qing dynasties. Its construction began in 1406 and took 14 years to complete. It constitutes the largest and most complete existing ensemble of traditional Chinese architecture.

OUTSTANDING TOURIST SPOTS IN CHINA

北京故宫太和门／罗文发 林京 摄影

第 2 课　天坛

天坛　位于　北京　城南，　是帝王　祭天　的地方。著名　的建筑　有
Tiāntán wèiyú Běijīng chéngnán, shì dìwáng jìtiān de dìfang. Zhùmíng de jiànzhù yǒu
祈年殿　等。现在　辟为　天坛　公园。
Qíniándiàn děng. Xiànzài pì wéi Tiāntán Gōngyuán.

The Temple of Heaven

Situated in the south of Beijing, Tiantan (Temple of Heaven) was the place where the emperors worshipped heaven, a ritual which they hoped would serve to perpetuate imperial rule. The main structure of Tiantan includes Qiniandian (Hall of Prayer for Good Harvests). Tiantan is open as a public park today.

OUTSTANDING TOURIST SPOTS IN CHINA

北京天坛

第 3 课 颐和园

颐和园位于北京市西北郊,是一座大型皇家园林。颐和园原来叫清漪园,1860年被英法联军所毁。1888年慈禧太后挪用海军经费重建并改今名。颐和园由万寿山和昆明湖组成。景点有谐趣园、长廊、石舫、排云殿、智慧海、龙王庙、十七孔桥、玉带桥等。

Yíhéyuán wèiyú Běijīng Shì xīběijiāo, shì yí zuò dàxíng huángjiā yuánlín. Yíhéyuán yánlái jiào Qīngyīyuán, 1860 nián bèi Yīng Fǎ liánjūn suǒ huǐ. 1888 nián Cíxǐ tàihòu nuóyòng hǎijūn jīngfèi chóngjiàn bìng gǎi jīnmíng. Yíhéyuán yóu Wànshòu Shān hé Kūnmíng Hú zǔchéng. Jǐngdiǎn yǒu Xiéqùyuán, Chángláng, Shífǎng, Páiyúndiàn, Zhìhuìhǎi, Lóngwángmiào, Shíqīkǒngqiáo, Yùdàiqiáo děng.

The Summer Palace

The Summer Palace, located in the northwestern suburb of Beijing, is one of the largest imperial gardens. Formerly named as Garden of Clear Ripples (Qingyiyuan), the palace was burned by the allied armies of France and Britain in 1860. It was rebuilt by the Empress Dowager Cixi who diverted an enormous amount of money on it from funds appropriated for building a Chinese navy. The Kunming Lake at the foot of Longevity Hill (Wanshoushan) is the focal point of the garden. Other scenic spots include the Garden of Harmonious Interest (Xiequyuan), Long Corridor, Marble Boat, Cloud-dispelling Hall (Paiyundian), Lake of Wisdom(Zhihuihai), Seventeen-Arch Marble Bridge, and Jade Belt Bridge(Yudaiqiao).

OUTSTANDING TOURIST SPOTS IN CHINA

颐和园／孙树清 摄影

第4课　圆明园遗址

圆明园遗址位于北京市西北郊，原来是中国历史上最宏伟
Yuánmíngyuán yízhǐ wèiyú Běijīng Shì xīběijiāo, yuánlái shì Zhōngguó lìshǐ shang zuì hóngwěi
的皇家离宫。
de huángjiā lígōng.

圆明园前后经历了150多年的修建和扩建，建成了当时
Yuánmíngyuán qiánhòu jīnglì le 150 duō nián de xiūjiàn hé kuòjiàn, jiànchéng le dāngshí
世界上最为豪华壮观的皇家园林。但是, 1860年第二次鸦片
shìjiè shang zuìwéi háohuá zhuàngguān de huángjiā yuánlín. Dànshi, 1860 nián Dì-èr Cì Yāpiàn
战争，英法联军打到北京，闯进圆明园，进行了疯狂的
Zhànzhēng, Yīng Fǎ liánjūn dǎdào Běijīng, chuǎngjìn Yuánmíngyuán, jìnxíng le fēngkuáng de
抢掠。抢掠之后，为掩盖可耻行径，英法联军纵火焚毁了圆明园。
qiǎnglüè. Qiǎnglüè zhī hòu, wèi yǎngài kěchǐ xíngjìng, Yīng Fǎ liánjūn zònghuǒ fénhuǐ le Yuánmíngyuán.

The Old Summer Palace: Yuanming Yuan

Yuanming Yuan, known as the Old Summer Palace, was the great imperial palace-garden complex on the northwestern outskirts of Beijing. It was renowned for its beauty and luxury.

With the combination of the essence of Chinese traditional architecture with a western architectural look, Yuanming Yuan had the most magnificent landscape in the world. However, what took nearly 150 years to build and consumed countless wealth and manpower was looted and burned by the Allied French and British Forces in 1860 during the Second Opium War. For days the Allied French and British Forces looted the rich treasures of the palace, and then in order to conceal their crime, they put every structure to torch.

OUTSTANDING TOURIST SPOTS IN CHINA

圆明园遗址／黄韬鹏 候风兴 摄影

第5课 明十三陵

北京 十三陵, 是 明代 十三 个 皇帝 及 皇后 的 陵墓。它 位于
Běijīng Shísānlíng, shì Míngdài shísān ge huángdì jí huánghòu de língmù. Tā wèiyú
北京 西北部, 占地 40 平方 公里, 气势 雄浑, 建筑 精美, 是 保存 最
Běijīng xīběibù, zhàndì 40 píngfāng gōnglǐ, qìshì xiónghún, jiànzhù jīngměi, shì bǎocún zuì
为 完好 的 古代 帝王 陵墓群 之一。
wéi wánhǎo de gǔdài dìwáng língmùqún zhī yī.

Ming Tombs

The Thirteen Tombs of northwestern Beijing refer to the tombs of the thirteen Ming emperors and empresses. With the imposing views and magnificent structures, they constitute one of the most developed and best-preserved imperial tombs of ancient China, enclosing an area of 40 square kilometers.

OUTSTANDING TOURIST SPOTS IN CHINA

明十三陵之一永陵／郑华 摄影

第6课 万里长城

在 战国 时期，北方 几个 诸侯国 为了 防备 敌人 来犯，纷纷 修建
Zài Zhànguó shíqī, běifāng jǐ ge zhūhóuguó wèile fángbèi dírén láifàn, fēnfēn xiūjiàn
长城 进行 防御。秦始皇 统一 中国 后，把 原来 几个 诸侯国
Chángchéng jìnxíng fángyù. Qínshǐhuáng tǒngyī Zhōngguó hòu, bǎ yuánlái jǐ ge zhūhóuguó
的 长城 连接 起来，加固 并 延长，筑成 了 西起 甘肃 临洮、东到
de Chángchéng liánjiē qǐlái, jiāgù bìng yáncháng, zhùchéng le xīqǐ Gānsù Líntáo、dōngdào
辽东 的 万里 长城。此后 历代 对 长城 都 有所 修缮 和 增筑。
Liáodōng de Wànlǐ Chángchéng. Cǐhòu lìdài duì Chángchéng dōu yǒusuǒ xiūshàn hé zēngzhù.
明代 更 是 前后 用 了 一百 多 年，对 长城 进行 了 全面 修整
Míngdài gèng shì qiánhòu yòng le yì bǎi duō nián, duì Chángchéng jìnxíng le quánmiàn xiūzhěng
和 改建。我们 现在 看到 的 长城，就 是 明代 的 长城。
hé gǎijiàn. Wǒmen xiànzài kàndào de Chángchéng, jiù shì Míngdài de Chángchéng.

The Great Wall

Parts of the Great Wall date from the Warring States Period, when each state built a fortified wall along its border to ward off possible invasions from its hostile neighbors. After emperor Qin Shi-huang succeeded in unifying China, he reinforced the walls along the northern borders of the original states and had them connected into one defensive system traversing from Lintao in Gansu in the west to Liaodong in the east. Reinforcement and renovations were constantly carried out during successive dynasties. The present shape of the Great Wall owes much to the 100-year-old large-scale expansion and rebuilding during the Ming Dynasty.

OUTSTANDING TOURIST SPOTS IN CHINA

北京八达岭长城／王德英 摄影

第7课 承德避暑山庄

承德避暑山庄位于河北省承德市,是清代皇帝避暑
Chéngdé Bìshǔshānzhuāng wèiyú Héběi Shěng Chéngdé Shì, shì Qīngdài huángdì bìshǔ
及从事政治活动的地方。从营建到完工,共花费了80多
jí cóngshì zhèngzhì huódòng de dìfang. Cóng yíngjiàn dào wángōng, gòng huāfèi le 80 duō
年的时间。整个避暑山庄占地约564万平方米,是中国
nián de shíjiān. Zhěnggè Bìshǔshānzhuāng zhàndì yuē 564 wàn píngfāngmǐ, shì Zhōngguó
现存最大的古典园林。
xiàncún zuì dà de gǔdiǎn yuánlín.

The Summer Resort in Chengde

In Chengde city of northern Hebei Province there is a scenic spot called by the quaint name: Mountain Hamlet for Escaping the Heat. It was the summer resort of the Qing emperors and the second political center for the imperial court. Constructed over 80 years, the resort covers a total of about 5,640,000 square meters. It was the largest extant traditional-style Chinese landscape gardening.

OUTSTANDING TOURIST SPOTS IN CHINA

承德皇家宫苑避暑山庄／敖恩洪 摄影

第8课 云冈石窟

云冈石窟，位于山西省大同市西边的武州山（又称云冈
Yúngāng Shíkū, wèiyú Shānxī Shěng Dàtóng Shì xībian de Wǔzhōu Shān (yòu chēng Yúngāng
山）南麓，始建于公元460年。现存大小石窟53个，石雕造像51000
Shān) nánlù, shǐjiàn yú gōngyuán 460 nián. Xiàncún dàxiǎo shíkū 53 ge, shídiāo zàoxiàng 51000
多尊，所有石窟依山排列在南北长1300米的岩壁上，是中国
duō zūn, suǒyǒu shíkū yī shān páiliè zài nánběi cháng 1300 mǐ de yánbì shang, shì Zhōngguó
历史久远、规模宏大的石窟群之一。
lìshǐ jiǔyuǎn, guīmó hóngdà de shíkūqún zhī yī.

Yungang Grottoes

The Yungang Grottoes are located on the southern slope of Mt. Wuzhou to the west of the city of Datong in Shanxi Province. The project got underway around 460. Hewn out of the cliffside in a honeycomb pattern, they stretch for 1,300 meters from south to north and contain 53 grottoes and 51,000 Buddhist statues. It is one of the oldest and largest grottoes in China.

OUTSTANDING TOURIST SPOTS IN CHINA

山西大同云岗石窟／孙志江 何世尧 摄影

第9课 五台山

五台山 位于 山西 省 西北部。主峰 高 3058 米,周围 还有 四个
Wǔtái Shān wèiyú Shānxī Shěng xīběibù. Zhǔfēng gāo 3058 mǐ, zhōuwéi hái yǒu sì ge
山峰 环绕。 这五座 峰顶, 都 平坦 如 台,因此 叫 五台山。从 汉代
shānfēng huánrào. Zhè wǔ zuò fēngdǐng, dōu píngtǎn rú tái, yīncǐ jiào Wǔtái Shān. Cóng Hàndài
开始, 每 个 朝代 都 不断 地在 这 座 美丽 而 奇特 的 山上 建造 佛寺,
kāishǐ, měi ge cháodài dōu búduàn de zài zhè zuò měilì ér qítè de shānshang jiànzào fósì,
最终 形成 一 个 佛教 中心。 五 台 山 与 四川 的 峨眉山、 安徽 的
zuìzhōng xíngchéng yí ge fójiào zhōngxīn. Wǔtái Shān yǔ Sìchuān de Éméi Shān、Ānhuī de
九 华 山、 浙江 的 普陀 山 并称 为"佛教 四 大 名山"。
Jiǔhuá Shān、 Zhèjiāng de Pǔtuó Shān bìngchēng wèi "Fójiào Sì Dà Míngshān".

Mount Wutai

Located in the northwestern Shanxi Province, Mount Wutai, as its name indicates, consists of five platform-shaped peaks. The tallest of the five is 3,058 meters above sea level. As early as the Han Dynasty, temples and monasteries began to be constructed on the slopes and valleys of Wutai, and gradually it became a Buddhist center. Today Mount Wutai is held as one of the Four Famous Buddhist Mounts in China, the other three being Mt. Emei in Sichuan Province, Mt. Jiuhua in Anhui Province, and Mt. Putuo in Zhejiang Province.

OUTSTANDING TOURIST SPOTS IN CHINA

山西五台山

第10课　泰山

泰山位于山东省中部。第一个来泰山祭祀天地的皇帝是秦始皇，后来汉代、唐代、宋代都有皇帝来泰山祭祀，所以给泰山留下很多名胜古迹。泰山的云海和日出也是非常有名的。

Tài Shān wèiyú Shāndōng Shěng zhōngbù. Dì-yī ge lái Tài Shān jìsì tiāndì de huángdì shì Qínshǐhuáng, hòulái Hàndài, Tángdài, Sòngdài dōu yǒu huángdì lái Tài Shān jìsì, suǒyǐ gěi Tài Shān liúxià hěn duō míngshèng gǔjì. Tài Shān de yúnhǎi hé rìchū yě shì fēicháng yǒumíng de.

Mount Tai

Located in the central part of Shandong Province, Mt. Tai is one of the most venerable sacred mountains in China. Over the centuries, mighty emperors made various sacrifices and religious rites on Mt. Tai, making the mountain a holy site. According to tradition, Qin Shi-huang was the first emperor who sacrificed here. Subsequently, some emperors of the Han, Tang, and Song dynasties journeyed here to worship and pray to heaven. They left mementos in the form of temples, obelisks, and monuments. The climax of climbing Mt. Tai is to watch the sunrise and seas of misty clouds from the summit. The view from the top is one of the finest in China.

泰山日出／张韬磊 摄影

第11课 中山陵

中山陵位于南京市东郊紫金山南麓,是中国民主革命
Zhōngshānlíng wèiyú Nánjīng Shì dōngjiāo Zǐjīn Shān nánlù, shì Zhōngguó mínzhǔ gémìng
之父孙中山先生的陵墓。
zhī fù Sūn Zhōngshān xiānsheng de língmù.
整个陵墓依山而起,蓝色的琉璃瓦和白色的石阶,掩映在苍翠
Zhěnggè língmù yī shān ér qǐ, lánsè de liúlíwǎ hé báisè de shíjiē, yǎnyìng zài cāngcuì
之中,庄严肃穆,气势雄伟。
zhī zhōng, zhuāngyán sùmù, qìshì xióngwěi.

The Sun Yat－sen Mausoleum

  Sun Yat-sen Mausoleum is located on the southern slope of the Purple Gold Hill in the eastern suburb of Nanjing.
  Sheltered on three sides by green mountain slopes, with blue tiles and white marble steps set in green pines, the whole mausoleum is one of the greatest, majestic and solemn scenic attractions in Nanjing.

中山陵全景／高胜康 摄影

第12课 黄山

黄山 位于 安徽 省 南部。黄山 美景，以 雄、奇、险、幻
Huáng Shān wèiyú Ānhuī Shěng nánbù. Huáng Shān měijǐng, yǐ xióng、qí、xiǎn、huàn
取胜。黄 山 还以 奇松、怪石、云海、温泉 著称，称为
qǔshèng. Huáng Shān hái yǐ qísōng、guàishí、yúnhǎi、wēnquán zhùchēng, chēngwéi
"黄 山 四 绝"。其中 迎客松 闻名 天下。
"Huáng Shān sì jué". Qízhōng Yíngkèsōng wénmíng tiānxià.

Mount Huang

Mt. Huang, located in the south of Anhui Province, contains some of the best elements of China's scenery——majesty, splendor, difficulty of access, and illusion. Huangshan is also celebrated for its four wonders of mountain scenery: odd-shaped pines, spectacular peaks, crystal-clear mountain springs, and boiling seas of cloud. "The Guest-Welcoming Pine Tree" is well-known all over the world.

OUTSTANDING TOURIST SPOTS IN CHINA

黄山风光／袁廉民 摄影

第13课 九华山

九华山 位于 安徽省 南部,是"佛教 四大 名山" 之一。它 不但
Jiǔhuá Shān wèiyú Ānhuī Shěng nánbù, shì "Fójiào Sì Dà Míngshān" zhī yī. Tā búdàn
景色 秀丽 迷人,而且 名胜 古迹 繁多。从 东晋 开始 就 在 这里 建造
jǐngsè xiùlì mírén, érqiě míngshèng gǔjì fánduō. Cóng Dōngjìn kāishǐ jiù zài zhèli jiànzào
寺院,明 清 时期 达到 繁盛。那时,大大小小 的 寺院 有 300 多 座,
sìyuàn, Míng Qīng shíqī dádào fánshèng. Nàshí, dàdà-xiǎoxiǎo de sìyuàn yǒu 300 duō zuò,
现在 留存 下来 的 尚 有 56 座。
xiànzài liúcún xiàlái de shàng yǒu 56 zuò.

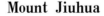

Mount Jiuhua

    Mt. Jiuhua (Nine Blossoms Mountain) of southern Anhui Province is one of the Four Sacred Mountains of Buddhism in China. It is renowned not only for its beautiful scenery but also as the home to many ancient Buddhist temples and monasteries. The construction of these temples and monasteries began in the Eastern Jin Dynasty and flourished and reached its peak during the Ming and Qing dynasties. More than 300 temples and monasteries were built, among which 56 are well-preserved.

OUTSTANDING TOURIST SPOTS IN CHINA

九华山肉身宝殿／罗文发 摄影

第14课 龙门石窟

龙门　石窟　位于　河南　省　　洛阳　　市　城南　　的　伊水　河畔。
Lóngmén Shíkū wèiyú Hénán Shěng Luòyáng Shì chéngnán de Yīshuǐ hépàn.

龙门　　石窟　始凿　于北魏　时期（公元　　494年），　此后　历代　连续　开凿　了
Lóngmén Shíkū shǐzáo yú Běiwèi shíqī (gōngyuán 494 nián), cǐhòu lìdài liánxù kāizáo le

400余年，共　建成　　洞窟　1352个，佛龛 750 个，佛塔 40 多座，佛像　100000
400 yú nián, gòng jiànchéng dòngkū 1352 ge, fókān 750 ge, fótǎ 40 duō zuò, fóxiàng 100000

多　尊，题记 和　碑刻 3600 余 件。
duō zūn, tíjì hé bēikè 3600 yú jiàn.

中国　　有 三　大 石窟，龙门　　石窟　是　最　大　的 一 座。
Zhōngguó yǒu sān dà shíkū, Lóngmén Shíkū shì zuì dà de yí zuò.

Longmen Grottoes

The Longmen Grottoes lie on the bank of the Yishui River of southern Luoyang in Henan Province.

The carving work of the Longmen Grottoes began in 494 during the Northern Wei Dynasty and took more than 400 years to complete. 1352 grottoes, 750 niches, and 40 pagodas were carved and built here. There were also more than 100,000 Buddhist statues and 3,600 stone inscriptions.

Longmen is the largest of the three major grottoes in China.

OUTSTANDING TOURIST SPOTS IN CHINA

龙门石窟奉先寺卢舍那大佛／高明义 摄影

第15课　杭州西湖

西湖 位于 浙江 省 杭州 市，西湖的面积 5.6 平方 公里，湖中
Xī Hú wèiyú Zhèjiāng Shěng Hángzhōu Shì, Xī Hú de miànjī 5.6 píngfāng gōnglǐ, húzhōng
的苏堤、白堤 把 湖面 分为 外湖、里湖、后湖 三 部分。
de Sūdī、Báidī bǎ húmiàn fēn wèi wàihú、lǐhú、hòuhú sān bùfen.
　　西湖 三面 环山， 玉泉 山、 飞来峰、五云 山、 南高峰 等，不仅
　　Xī Hú sānmiàn huánshān, Yùquán Shān, Fēiláifēng, Wǔyún Shān, Nángāofēng děng, bùjǐn
秀美，而且 多 有 泉水， 著名 的 如 虎跑泉、 玉泉、 龙井泉。 远山
xiùměi, érqiě duō yǒu quánshuǐ, zhùmíng de rú Hǔpǎoquán、Yùquán、Lóngjǐngquán. Yuǎnshān
近水，把 西湖 衬托 得如诗如画。
jìnshuǐ, bǎ Xī Hú chèntuō de rú shī rú huà.

West Lake in Hangzhou

　　West Lake got its name because it is located in western Hangzhou of Zhejiang Province. With an area of 5.6 square kilometers, the lake is divided by Bai Causeway and Su Causeway into three parts —— "Outer lake", "Inner lake", and "Rear lake".
　　West Lake is sheltered on three sides by green mountain slopes, among which are the Jade Spring Peak (Yuquanshan), Peak That Flew Afar (Feilaifeng), Peak Shrouded in Five Clouds (Wuyunfeng), and South Height Peak (Nangaoshan). Not far from West Lake are some famous springs (Tiger Spring, Jade Spring, Longjing Spring, etc.). The far-away mountains and the nearby springs make the west lake like pictures rich in poetic flavour.

OUTSTANDING TOURIST SPOTS IN CHINA

如梦西湖

第 16 课　普陀山

位于浙江 省　 的普陀山， 其实 是 东海　 中　 的一个岛屿。 在"佛教
Wèiyú Zhèjiāng Shěng de Pǔtuó Shān, qíshí shì Dōnghǎi zhōng de yí ge dǎoyǔ. Zài "Fójiào
四大 名山"　 中　 是 最小 的。 普陀山 是 佛教 圣地，　 有 "海天佛国"
Sì Dà Míngshān" zhōng shì zuì xiǎo de. Pǔtuó Shān shì Fójiào shèngdì, yǒu "Hǎitiānfóguó"
的美名。 若 登 山 观 海， 风景　 更　 佳。
de měimíng. Ruò dēng shān guān hǎi, fēngjǐng gèng jiā.

Mount Putuo

Mount Putuo is an island in the East China Sea off the coast of Zhejiang Province. Putuo is the smallest one among the Four Sacred Buddhist Mountains in China. The view from the top of the mountain over the vast sea is one of the finest in China. In this sense, Mt. Putuo was crowned as the "Island on the Sea".

OUTSTANDING TOURIST SPOTS IN CHINA

海天佛国普陀山／何世尧 摄影

第 17 课　黄鹤楼

黄鹤楼　位于　湖北省　武汉市，俯视长江，　是江南　三大名　楼
Huánghèlóu wèiyú Húběi Shěng Wǔhàn Shì, fǔshì Chángjiāng, shì Jiāngnán sān dà míng lóu
之 一。
zhī yī.

关于　黄鹤楼，　传说　　古代　仙人　曾　驾鹤在 此休息，因此　得名。
Guānyú Huánghèlóu, chuánshuō gǔdài xiānrén céng jià hè zài cǐ xiūxi, yīncǐ dé míng.
唐代　诗人　崔灏　的《黄鹤楼》　一诗，使黄鹤楼　名　传　天下。
Tángdài shīrén Cuī Hào de 《Huánghèlóu》 yì shī, shǐ Huánghèlóu míng chuán tiānxià.

黄鹤楼　顶层　有　望厅，　可以一览大江　东去　的浩大　水势。
Huánghèlóu dǐngcéng yǒu wàngtīng, kěyǐ yì lǎn dàjiāng dōngqù de hàodà shuǐshì.

Yellow Crane Tower

Yellow Crane Tower stands in Wuhan city in Hubei Province, looking down at the Yangtze River. It is listed as one of the three most outstanding towers in the south of China.

The tower got its name from a legend. It was said that once an old immortal man took on a crane's back from heaven and descended to the tower for a rest (the crane stands for longevity in China). The Tang Dynasty poet Cui Hao composed a poem entitled "Yellow Crane Tower" that further spread its fame. A lookout at the top of the tower commands a panoramic view of the Yangtze River flowing to the east.

OUTSTANDING TOURIST SPOTS IN CHINA

辉煌宏伟的黄鹤楼／张先良 摄影

第18课　武当山

武当山位于湖北省西北部，是中国的道教名山。武当山道路曲折艰险，其中上十八盘、下十八盘最为险要。武当山山峰林立，有所谓七十二峰、三十六岩、二十四涧的说法；武当山道教名胜特别多，共有八宫、十二祠、三十二庵，其中著名的建筑是金殿和紫霄宫。

Mount Wudang

　　Mt. Wudang of northwestern Hubei Province is a famous Taoist shrine. The road to the mountain is lined with fantastically-shaped rocks and sheer cliffs. There are eighteen hairpin bends on the way up to Mt. Wudang. The scenic attractions are legion: they are officially listed as 72 peaks, 36 cliffs, and 24 ravines. Mt. Wudang is a treasure of Taoist structures. There are 8 palaces, 12 memorial temples, and 32 nunneries, of which the most magnificent are Golden Hall and Purple Cloud Temple.

OUTSTANDING TOURIST SPOTS IN CHINA

武当山

第19课 庐山

庐山 位于 江西 省 北部，自古 是 风景 名胜 之 地。
Lú Shān wèiyú Jiāngxī Shěng běibù, zìgǔ shì fēngjǐng míngshèng zhī dì.

庐山 的 气候 春 迟 秋 早，夏季 凉爽， 是 避暑 胜地。
Lú Shān de qìhòu chūn chí qiū zǎo, xiàjì liángshuǎng, shì bìshǔ shèngdì.

庐山 的 山 美，首推 "五老峰"， 庐 山 的 水 美，当 数 瀑布。
Lú Shān de shān měi, shǒutuī "Wǔlǎofēng", Lú Shān de shuǐ měi, dāng shǔ pùbù.

Mount Lu

Mt. Lu of northern Jiangxi Province has been well-known for its beautiful scenery since ancient times.

In Lushan area, spring comes late and autumn early. Summer being cool, Lushan is an ideal summer vacation spot.

Lushan is famous for its towering peaks and rushing waterfalls. One of the imposing peaks is Five Elderly Gentlemen Peak (Wulaofeng), so named because of their resemblance to old men.

OUTSTANDING TOURIST SPOTS IN CHINA

庐山如琴湖晨雾 / 何立靳 摄影

第20课 滕王阁

滕王阁　位于江西省南昌市，与岳阳楼、黄鹤楼齐名。
Téngwánggé wèiyú Jiāngxī Shěng Nánchāng Shì, yǔ Yuèyánglóu, Huánghèlóu qímíng.
登上滕王阁，尽收赣江景色。唐代诗人王勃登临此
Dēngshàng Téngwánggé, jìn shōu Gàn Jiāng jǐngsè. Tángdài shīrén Wáng Bó dēnglín cǐ
阁，曾经留下著名的滕王阁诗和序，其中"落霞与孤鹜齐飞，秋
gé, céngjīng liúxià zhùmíng de Téngwánggé shī hé xù, qízhōng "Luòxiá yǔ gūwù qí fēi, qiū
水共长天一色"两句，被千古传诵。
shuǐ gòng chángtiān yí sè" liǎngjù, bèi qiāngǔ chuánsòng.

Prince Teng Pavilion

　　Located in Nanchang city, Jiangxi Province, Prince Teng Pavilion is an equal of Yueyang Tower and Yellow Crane Tower.
　　The tower looks down on the Ganjiang River. The Tang Dynasty poet Wang Bo climbed it and left a poem and a note about it, which contains the couplet like "Sunset goes down and birds sail in infinite space/The waters and skies in autumn are of one color". The couplet was told through the ages.

OUTSTANDING TOURIST SPOTS IN CHINA

江西南昌滕王阁／李均忠 摄影

第21课 张家界

张家界 位于 湖南 省 西北部，是 国家 森林 公园。
Zhāngjiājiè wèiyú Húnán Shěng xīběibū, shì guójiā sēnlín gōngyuán.
张家界 共 有 2000多 座 山峰， 造型 千 奇 百 怪。景区 内 除了
Zhāngjiājiè gòng yǒu 2000 duō zuò shānfēng, zàoxíng qiān qí bǎi guài. Jǐngqū nèi chúle
奇峰 之外， 还有 许多 怪石， 不论 云雨 阴晴， 都 有 云雾 缠绕， 给人
qífēng zhī wài, háiyǒu xǔduō guàishí, búlùn yúnyǔ yīnqíng, dōu yǒu yúnwù chánrào, gěi rén
一 种 似梦 似幻 的 感觉。
yì zhǒng sì mèng sì huàn de gǎnjué.

Zhangjiajie Natural Reserve

Zhangjiajie of northern Hubei Province is a national forest park.

There are more than 2,000 weird-shaped peaks. Each peak has countless rocks of interesting contours. Whatever the weather, the bizarre stones are all shrouded in thick fog, giving the region a mysterious appearance.

OUTSTANDING TOURIST SPOTS IN CHINA

张家界雪景／刘启俊 摄影

45

第22课 岳阳楼

岳阳楼，位于湖南省岳阳县的洞庭湖畔。岳阳楼与湖北
Yuèyánglóu, wèiyú Húnán Shěng Yuèyáng Xiàn de Dòngtíng Hú pàn. Yuèyánglóu yǔ Húběi
武昌的黄鹤楼、江西南昌的滕王阁，并称为中国南方
Wǔchāng de Huánghèlóu, Jiāngxī Nánchāng de Téngwánggé, bìng chēng wéi Zhōngguó nánfāng
三大名楼。
sān dà mínglóu.

宋代，大文学家范仲淹写了著名的散文《岳阳楼记》，其中
Sòngdài, dà wénxuéjiā Fàn Zhòngyān xiě le zhùmíng de sǎnwén《Yuèyánglóujì》, qízhōng
的名句"先天下之忧而忧，后天下之乐而乐"千古传诵。
de míngjù "Xiān tiānxià zhī yōu ér yōu, hòu tiānxià zhī lè ér lè" qiāngǔ chuánsòng.

Yueyang Tower

Yueyang Tower is located in Yueyang county by Lake Boyang in Hunan Province. It is listed along with the Yellow Crane Tower in Wuhan, Hubei Province and Prince Teng Pavilion in Nanchang, Jiangxi Province as one of the three most outstanding towers in the south of China.

In his prose "Notes on Yueyang Tower", Fan Zhongyan, a scholar of the Song Dynasty, wrote about the tower in a way that further spread its fame. Fan says: "Those who are concerned before anyone else and enjoy themselves only after everyone else are true noble men".

岳阳楼和洞庭湖／张长江 摄影

第23课 黄帝陵

黄帝陵，是传说中中华民族的始祖轩辕氏的坟墓，位于陕西省黄陵县。相传黄帝就是在这里乘龙升天的，于是后人在此建陵祭祀黄帝。每年的清明，来自海内外的炎黄子孙都要聚集在黄帝陵，举行盛大的祭祀活动。

Huángdìlíng, shì chuánshuō zhōng Zhōnghuá Mínzú de shǐzǔ Xuānyuánshì de fénmù, wèiyú Shǎnxī Shěng Huánglíng Xiàn. Xiāngchuán Huángdì jiù shì zài zhèli chéng lóng shēngtiān de, yúshì hòurén zài cǐ jiàn líng jìsì Huángdì. Měinián de qīngmíng, láizì hǎinèiwài de Yán Huáng zǐsūn dōu yào jùjí zài Huángdìlíng, jǔxíng shèngdà de jìsì huódòng.

Tomb of Huangdi the Yellow Emperor

Huangdi, the Yellow Emperor, is a legendary man named Xuanyuan, who is regarded as the ancestor of all nationalities on the central plains. He was said to have mounted a dragon at Huangling county in Shaanxi Province and ascended to heaven. A tomb was thus built there to honor him. Even today, at the Qingming Festival, the day in April to honor the dead, visitors from home and abroad hold grand worship ceremonies in Huangling county.

黄帝陵祭祖／陕影 摄影

第 24 课 秦兵马俑

秦始皇死后，葬于陕西省临潼县骊山北麓。兵马俑是
Qínshǐhuáng sǐ hòu, zàng yú Shǎnxī Shěng Líntóng Xiàn Lí Shān běilù. Bīngmǎyǒng shì
秦始皇的随葬品。这些兵马俑在地下沉睡了两千多年，
Qín shǐhuáng de suízàngpǐn. Zhèxiē bīngmǎyǒng zài dìxià chénshuì le liǎng qiān duō nián,
终于在1974年被发现，在世界上引起轰动。
zhōngyú zài 1974 nián bèi fāxiàn, zài shìjiè shang yǐnqǐ hōngdòng.

兵马俑的排列非常壮观，人们可以看到两千多年前
Bīngmǎyǒng de páiliè fēicháng zhuàngguān, rénmen kěyǐ kàndào liǎng qiān duō nián qián
秦朝威武军队的壮观阵容。法国总统希拉克参观后，称赞
Qíncháo wēiwǔ jūnduì de zhuàngguān zhènróng. Fǎguó zǒngtǒng Xīlākè cānguān hòu, chēngzàn
兵马俑是"世界第八奇迹"。
bīngmǎyǒng shì "Shìjiè Dì-bā Qíjì".

Qin Shi-huang's Terra – Cotta Army

Qin Shi-huang's mausoleum stands on the northern slope of Mt. Li in Lintong county, Shaanxi Province. The entire mausoleum remains to be excavated, but the terra – cotta warriors discovered in 1974 have drawn world – wide attention.

The terra – cotta army was buried more than 2,000 years ago, the array of which breathes the mighty power of Qin Shi-huang's army people more than 2,000 years ago. French President Chirac, on his visit, exclaimed it to be the "the eighth wonder of the world".

OUTSTANDING TOURIST SPOTS IN CHINA

秦兵马俑步兵阵／杨异同 摄影

第25课 嘉峪关

在甘肃省西部的戈壁滩上,有一座雄伟的关城,它就是
Zài Gānsù Shěng xībù de gēbìtān shàng, yǒu yí zuò xióngwěi de guānchéng, tā jiù shì
万里长城的西端终点——嘉峪关。这里是古代通往西域的
Wànlǐ Chángchéng de xīduān zhōngdiǎn—— Jiāyùguān. Zhèli shì gǔdài tōngwǎng Xīyù de
必经之地,自古有"天下雄关"的美称。嘉峪关城楼至今已有
bì jīng zhī dì, zìgǔ yǒu "Tiānxià Xióngguān" de měichēng. Jiāyùguān chénglóu zhìjīn yǐ yǒu
600多年的历史。
600 duō nián de lìshǐ.

Jiayu Pass

The Great Wall ends in the west at Jiayu Pass in the Gobi desert of western Gansu Province. Jiayu Pass served as a hub of communication along the Old Silk Road and was known as the "Strategic Pass under Heaven". Up to now, Jiayu Pass has gone through wind and rain of more than 600 years.

OUTSTANDING TOURIST SPOTS IN CHINA

嘉峪关／国外旅游局 摄影

第26课　敦煌莫高窟

莫高窟，又称千佛洞，位于甘肃省敦煌县，是举世闻名
Mōgāokū, yōu chēng Qiānfódòng, wèiyú Gānsù Shěng Dūnhuáng Xiàn, shì jǔshì wénmíng
的中国古代艺术宝库。
de Zhōngguó gǔdài yìshù bǎokù.

莫高窟是沿岩壁开凿而成的，南北绵延1600多米，岩壁高达
Mōgāokū shì yán yánbì kāizáo ér chéng de, nánběi miányán 1600 duō mǐ, yánbì gāodá
50余米，石窟总计492个，石窟内的壁画共45000平方米，各种彩塑
50 yú mǐ, shíkū zǒngjì 492 ge, shíkū nèi de bìhuà gòng 45000 píngfāngmǐ, gèzhǒng cǎisù
2400多尊。
2400 duō zūn.

Mogao Grottoes in Dunhuang

The Mogao Grottoes, also known as the Thousand Buddha Grottoes, is located in the county town of Dunhuang in Gansu Province. It is preserved as a true "treasure house of ancient Chinese art".

From the top story one gets a view of the sweeping panorama of the 1,600 meters expanse across of the 50 meters high sheer cliff jutting out at the center of the remaining 492 grottoes. Inside the grottoes are 45,000 square meters of murals and 2,400 painted statues.

OUTSTANDING TOURIST SPOTS IN CHINA

莫高窟全景／孙志江 黄韬朋 摄影

第27课 长江三峡

长江三峡是瞿唐峡、巫峡和西陵峡的总称。它西起重庆
Chángjiāng Sān Xiá shì Qútáng Xiá, Wū Xiá hé Xīlíng Xiá de zǒngchēng. Tā xī qǐ Chóngqìng
白帝城，东至湖北南津关，全长 204 公里，穿越 5 个县市。
Báidìchéng, dōng zhì Húběi Nánjīnguān, quáncháng 204 gōnglǐ, chuānyuè 5 ge xiàn shì.
三峡是世界一大自然奇观，诗曰："船在江上走，人在画中
Sān Xiá shì shìjiè yí dà zìrán qíguān, shī yuē: "Chuán zài jiāng shàng zǒu, rén zài huà zhōng
行"。两岸峭壁高耸，遮天蔽日；峡谷之内水深流急，险滩密布。
xíng". Liǎng'àn qiàobì gāosǒng, zhē tiān bì rì; xiágǔ zhī nèi shuǐ shēn liú jí, xiǎntān mìbù.

The Three Gorges on the Yangtze River

The Three Gorges refer to the Qutang, Wuxia, and Xiling gorges and the scenic spots on both sides of them. Starting from Baidi Town, Sichuan Province in the west and ending in Nanjinguan, Hubei Province in the east, it stretches 240 kilometers and sweeps through five cities and counties. Here the Yangtze river course suddenly narrows and the waters become deep and turbulent. Sheer cliffs and deep mountains rise on either side; perilous shoals lie submerged in the waters, creating one of the most fantastic sights of nature. A poem says: "While the boat sails along the river/Travelers walk in a traditional painting".

OUTSTANDING TOURIST SPOTS IN CHINA

长江三峡／金耀文 摄影

第28课 九寨沟

九寨沟位于四川省北部,是岷山中一条纵深40公里的
Jiǔzhàigōu wèiyú Sìchuān Shěng běibù, shì Mín Shān zhōng yì tiáo zōngshēn 40 gōnglǐ de
山谷之地,因周围有九个藏族村寨而得名。九寨沟的独特之处
shāngǔ zhī dì, yīn zhōuwéi yǒu jiǔ ge Cángzú cūnzhài ér démíng. Jiǔzhàigōu de dútè zhī chù
是它原始的自然生态。在森林中,散布着100多个高山湖泊。
shì tā yuánshǐ de zìrán shēngtài. Zài sēnlín zhōng, sànbù zhe 100 duō ge gāoshān húpō.
景区内,有嬉戏喧闹的金丝猴,有神态高贵典雅的天鹅,还有数
Jǐngqū nèi, yǒu xīxì xuānnào de jīnsīhóu, yǒu shéntài gāoguì diǎnyǎ de tiān'é, háiyǒu shǔ
不清的珍禽和小鸟。
bu qīng de zhēnqín hé xiǎoniǎo.

Jiuzhaigou Natural Reserve

Jiuzhaigou is a forty-kilometer long gully in Mount Min of northern Sichuan Province. It was named for the nine Tibetan stockade villages in the gully. The uniqueness of Jiuzhaigou lies in its primitive natural reserve. More than 100 natural lakes of different shapes and sizes spread out among the forests, haunted by some rare animals. Here monkeys are sporting, white swans are standing with an elegant manner and countless birds are singing happily among the trees.

OUTSTANDING TOURIST SPOTS IN CHINA

九寨沟诺日郎瀑布 / 刘启俊 杜泽泉 摄影

第29课　峨眉山

　　峨眉山 位于 四川 省 峨眉县, 主峰 万佛顶 海拔 3100 米, 因
Éméi Shān wèiyú Sìchuān Shěng Éméi Xiàn, zhǔfēng Wànfódǐng hǎibá 3100 mǐ, yīn
远望 有两 座 山峰 相对, 就像 女孩子的一对 眉毛, 所以 称为
yuǎnwàng yǒu liǎng zuò shānfēng xiāngduì, jiù xiàng nǚháizi de yí duì méimáo, suǒyǐ chēngwéi
峨眉山。有人 把 峨眉山 的美景 总结 为四个字: 清、 幽、 秀、雅。
Éméi Shān. Yǒurén bǎ Éméi Shān de měijǐng zǒngjié wéi sì ge zì: qīng, yōu, xiù, yǎ.

　　峨眉山 还有 很多 有名 的寺院。现在, 保存 下来 的佛寺有 70 多
Éméi Shān hái yǒu hěn duō yǒumíng de sìyuàn. Xiànzài, bǎocún xiàlái de fósì yǒu 70 duō
座。所以, 峨眉山 也是 中国 "佛教 四大 名山" 之一。
zuò. Suǒyǐ, Éméi Shān yě shì Zhōngguó "Fójiào Sì Dà Míngshān" zhī yī.

Mount Emei

Mt. Emei lies in Emei county, Sichuan Province. It is so named because its rolling ridges look like the delicate eyebrow of a beautiful woman. The main peak is 3,100 meters above sea level.

Mt. Emei is reputed to be a place of charm, quiet, beauty, and elegance. There are many temples and monasteries constructed on the slopes of Emei and more than 70 of them are preserved intact. Emei is one of the Four Buddhist Mountains in China.

OUTSTANDING TOURIST SPOTS IN CHINA

峨眉山万佛顶／罗文发 摄影

第30课 黄果树瀑布

黄果树 瀑布 位于 贵州 省 的 西南部,是 中国 最 大 的 瀑布。瀑布
Huāngguǒshù pùbù wèiyú Guìzhōu Shěng de xīnánbù, shì Zhōngguó zuì dà de pùbù. Pùbù
高 68 米, 宽 81 米, 水流量 最大 可达 2000 立方米 / 秒。巨大 的 水流 从
gāo 68 mǐ, kuān 81 mǐ, shuǐliúliàng zuì dà kě dá 2000 lìfāngmǐ / miǎo. Jùdà de shuǐliú cóng
高处 飞下, 形成 宽大 的 水帘。水帘 撞击 在下面 的 岩石 上,
gāochù fēixià, xíngchéng kuāndà de shuǐlián. Shuǐlián zhuàngjī zài xiàmian de yánshí shang,
发出 雷鸣般 的 吼声。 瀑布 溅起 的 水珠, 被 阳光 一 照, 形成
fāchū léimíngbān de hǒushēng. Pùbù jiànqǐ de shuǐzhū, bèi yángguāng yí zhào, xíngchéng
壮丽 的 彩虹。
zhuànglì de cǎihóng.

Huangguoshu Waterfalls

Huangguoshu Waterfalls of southwestern Guizhou Province is China's largest waterfall. It is 68 meters high and 81 meters wide. The water at Huangguoshu roars down at the huge rate of 2,000 cubic meters per second. As the waterfall roars into the pool, foam rises high and forms a sheet of water. Its thunder is audible far before the falls coming into view. The water mingles with mist and shimmers in the sunlight, forming a colorful rainbow.

OUTSTANDING TOURIST SPOTS IN CHINA

黄果树瀑布／罗文发 摄影

第31课　桂林山水

桂林 位于 广西 省 北部，以 山青、 水秀、 洞奇、 石美 而 著名。
Guìlín wèiyú Guǎngxī Shěng běibù, yǐ shānqīng, shuǐxiù, dòngqí, shíměi ér zhùmíng.
桂林 山 多，可以 说 是 千峰 环立；桂林 洞 多，可以 说 山山 有 洞，
Guìlín shān duō, kěyǐ shuō shì qiānfēng huánlì; Guìlín dòng duō, kěyǐ shuō shānshān yǒu dòng,
洞洞 奇特；桂林 的 水 也 多，最 美 莫 过 漓江， 水明 如镜， 绿山
dòngdòng qítè; Guìlín de shuǐ yě duō, zuì měi mò guò Líjiāng, shuǐmíng rújìng, lǜshūn
相伴。 桂林 自古 就有 "桂林 山水 甲 天下" 的 美誉。
xiāngbàn. Guìlín zìgǔ jiùyǒu "Guìlín shānshuǐ jiǎ tiānxià" de měiyì.

Spectacular Scenery of Guilin

The city of Guilin, situated in the north of the subtropical Guangxi Province, has the reputation of having the country's most beautiful scenery. The unique landscape embodies especially in the green hills, clear waters, bizarre caves, and grotesque rocks. The city offers fascinating sights of weird-shaped and isolated pinnacles. Many of the peaks are perforated with caves. Guilin also abounds in waters. The Lijiang River, a perfect mirror for the green hills far and near, winds its way through the city.

OUTSTANDING TOURIST SPOTS IN CHINA

漓江山水／高明义 摄影

第32课　石林

石林，位于云南省中部路南彝族自治县，距昆明市120公里。
Shílín, wèiyú Yúnnán Shěng zhōngbù Lùnán Yízú Zìzhìxiàn, jù Kūnmíng Shì 120 gōnglǐ.
两亿八千万年以前，这里是一片大海。后来经过地壳变化，
Liǎng yì bāqiān wàn nián yǐqián, zhèli shì yí piàn dàhǎi. Hòulái jīngguò dìqiào biànhuà,
海水逐渐退去，岩石渐渐上升为陆地。由于长时间受海水和
hǎishuǐ zhújiàn tuìqù, yánshí jiànjiàn shàngshēng wéi lùdì. Yóuyú cháng shíjiān shòu hǎishuǐ hé
含碳酸水的不断冲刷、侵蚀，逐渐变成了千奇百怪的石林。
hán tànsuān shuǐ de búduàn chōngshuā、qīnshí, zhújiàn biànchéng le qiān qí bǎi guài de shílín.

Stone Forest

　　Stone Forest is located in the Lunan Yi Autonomous County in central Yunnan Province, 120 kilometers' drive from Kunming, the provincial capital.
　　According to geologists, some 280 million years ago this area was covered by a vast sea. After repeated shifts in the earth's crust, the bottom of the sea was thrust upward, leaving the limestone layer exposed. Owing to solvent action, long deep cracks developed in the limestone, and the sea water and carbonic acid water running through the cracks gradually eroded the stone into the present shape.

OUTSTANDING TOURIST SPOTS IN CHINA

石林／陆海宁 摄影

第33课 布达拉宫

布达拉宫 位于 西藏 拉萨市 西北角 的 玛布日山 上，是 世界 上 最
Bùdálāgōng wèiyú Xīzàng Lāsà Shì xīběijiǎo de Mǎbùrì Shān shang, shì shìjiè shang zuì
雄伟 的 宫殿 之一。公元 7 世纪，吐蕃（今 西藏）首领 松赞干布 为
xióngwěi de gōngdiàn zhī yī. Gōngyuán 7 shìjì, Tǔbō (jīn Xīzàng) shǒulǐng Sōngzàngānbù wèi
迎娶 唐朝 文成 公主 为 妻，特地 为 她 建造 宫殿。 后来 经过
yíngqǔ Tángcháo Wénchéng Gōngzhǔ wéi qī, tèdì wèi tā jiànzào gōngdiàn. Hòulái jīngguò
各个 历史 时期 多 次 扩建， 形成 现在 的 宏伟 规模。
gège lìshǐ shíqī duō cì kuòjiàn, xíngchéng xiànzài de hóngwěi guīmó.

The Potala palace

The Potala Palace lies at Maburi Hill in northwestern Lhasa, capital of the Tibet Autonomous Region. It was one of the most grand projects in the world. The palace was built in the seventh century by King Songtsam Gambo, unifier of Tufan (today's Tibet), for his bride, Princess Wencheng, who was sent to him from the Tang Court in Chang'an. Extensive renovations have been done to restore the palace to its ancient splendor.

OUTSTANDING TOURIST SPOTS IN CHINA

布达拉宫／杜泽泉 摄影

第34课 阿里山云海

阿里山 位于 台湾 省 嘉义县 境内，海拔 2676 米，以 云海 奇观
Ālǐ Shān wèiyú Táiwān Shěng Jiāyì Xiàn jìngnèi, hǎibá 2676 mǐ, yǐ yúnhǎi qíguān
著称。 每当 天气 晴朗， 山间 云浪 千 变 万 化：有的 像 山谷
zhùchēng. Měidāng tiānqì qínglǎng, shānjiān yúnlàng qiān biàn wàn huà: yǒude xiàng shāngǔ
堆雪， 有的 似 大地 铺絮。登高 远望， 云海 奇景 一 览 无 余， 是 观
duīxuě, yǒude sì dàdì pūxù. Dēnggāo yuǎnwàng, yúnhǎi qíjǐng yì lǎn wú yú, shì guān
日出、 观 云海 的 好 地方。
rìchū、 guān yúnhǎi de hǎo dìfang.

Mount Ali

  Mt. Ali lies in Jiayi county, Taiwan Province. At a height of 2,676 meters above sea level, the mountain is often shrouded in ever‑changing seas of clouds. In bright weather, waves of clouds linger around the mountains. Some look like piles of snow, others resemble cotton wadding. At the vantage point of the top, visitors may watch seas of clouds and sunrise.

OUTSTANDING TOURIST SPOTS IN CHINA

阿里山／陈绍文 摄影

第35课　日月潭

日月潭　位于台湾　省　　中部，　方圆　　36公里，是台湾　最大　的　天然湖。
Rìyuètán wèiyú Táiwān Shěng zhōngbù, fāngyuán 36 gōnglǐ, shì Táiwān zuì dà de tiānránhú.
日月潭　四面　环山，　由　玉山　和阿里山　间 的 断裂　盆地　积水而成。
Rìyuètán sìmiàn huánshān, yóu Yù Shān hé Ālǐ　Shān jiān de duànliè péndì jīshuǐ ér chéng.
湖 中　有 一 小岛，　将　湖 分 为　南 北 两 半，北 半 湖 形　同　太阳，
Hú zhōng yǒu yì xiǎodǎo, jiāng hú fēn wéi nán běi liǎng bàn, běi bàn hú xíng tóng tàiyáng,
南 半 湖 如同　新月，　因此 得 名。
nán bàn hú rútóng xīnyuè, yīncǐ dé míng.

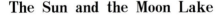

The Sun and the Moon Lake

　　The Sun and the Moon Lake of central Taiwan, 36 square kilometers in size, is the biggest natural lake in the province.
　　The site of the lake is a basin between Yushan mountain and Ali mountain. The lake is bisected by an isle in the center. It is so named because the northern part of the lake resembles the shape of the sun while the southern part the shape of the moon.

日月潭／陆中秋 摄影

（京）新登字 157 号

图书在版编目（CIP）数据

九州名胜/张英编；傅勇译.
—北京：北京语言大学出版社，2002
（中国那个地方）
ISBN 7 - 5619 - 0933 - 0

Ⅰ. 九…
Ⅱ. ①张… ②傅…
Ⅲ. 对外汉语教学-语言读物-汉、英
Ⅳ. H195.5

中国版本图书馆 CIP 数据核字（2001）第 11062 号

责任印制：乔学军
出版发行：北京语言大学出版社
社　　址：北京海淀区学院路 15 号　邮政编码 100083
网　　址：http://www.blcup.com
印　　刷：北京地大彩印厂
经　　销：全国新华书店
版　　次：2002 年 11 月第 1 版　2002 年 11 月第 1 次印刷
开　　本：889 毫米×1194 毫米　1/24　印张：3.5
字　　数：10 千字　　印数：1—2000 册
书　　号：ISBN 7 - 5619 - 0933 - 0/H・01020
全套定价：120.00 元
发行部电话：010—82303651　　82303591
　　传真：010—82303081
E-mail：fxb@blcu.edu.cn

中国那个地方(二)

China: A Great Countr

in the East (II)

Eminent Figures in Chinese History

华夏春秋

编写 张英
英译 傅勇

北京语言大学出版社

前　言

　　《中国那个地方》画册是中国国家对外汉语教学领导小组办公室委托北京语言大学出版社编辑出版的向海外华裔子女介绍中国基本情况的课外读物。本书分四册：

　　　　第一册　《龙的故乡》介绍中国概况；
　　　　第二册　《华夏春秋》介绍中国历史文化人物；
　　　　第三册　《九州名胜》介绍中国自然和文化名胜；
　　　　第四册　《中华物产》介绍中国特有物产。

　　本书配有汉语拼音和英文译文，图片采自中国《人民画报》社和中国图片网。

北京语言大学出版社

作者简介

张英 女 北京大学对外汉语教育学院教师 本书撰稿人

傅勇 男 北京语言大学外国语学院教师 本书英文译者

目 录
Table of Contents

第1课　"炎黄子孙"的由来(4)
　　　The Origin of "The Descendants of Yandi ang Huangdi"

第2课　大禹治水(6)
　　　Yu the Great Pacifying the Flood

第3课　孔子和《论语》(8)
　　　Confucius and His *Analects*

第4课　孙武与《孙子兵法》(10)
　　　Sun Wu and His *Essentials of War*

第5课　投江而死的诗人屈原(12)
　　　Qu Yuan, the Poet Drowing in the River

第6课　秦始皇统一中国(14)
　　　The First Emperor of the Qin Dynasty

第7课　与秦始皇齐名的汉武帝(16)
　　　Han Wu-di: An Emperor Equally Famous with Qin Shi-huang

第8课　张骞出使西域(18)
　　　Zhang Qian's Journey to the Western Regions

第9课　司马迁忍辱写《史记》(20)
　　　Si Ma-qian Writing *Shi Ji* in Disgrace

第10课　蔡伦造纸(22)
　　　Cai Lun in the Art of Papermaking

第11课　张衡发明浑天仪和地动仪(24)
　　　Zhang Heng: Maker of the Armillary Sphere and Seismograph

第 12 课　神医华佗(26)
Grand Surgeon Hua Tuo

第 13 课　陶渊明和《桃花源记》(28)
Tao Yuan—ming and His *Peach—Blossom Springs*

第 14 课　玄奘取经(30)
Xuan—zang：Buddhist Pilgrim

第 15 课　松赞干布和文成公主(32)
Songtsam Gambo and Princess Wen—cheng

第 16 课　鉴真东渡(34)
Monk Jian—zhen：Journey to Japan

第 17 课　诗仙李白(36)
Li Bai — The Poet Laureate

第 18 课　诗圣杜甫(38)
Du Fu — The Poet Laureate

第 19 课　毕升发明活字印刷术(40)
Bi Sheng：Inventor of Movable—Type Printing

第 20 课　铁面包公(42)
Duke Bao：Upright Judge

第 21 课　苏轼和宋词(44)
Su Dong—po and the Poetry of the Song Dynasty

第 22 课　精忠报国的岳飞(46)
Yue Fei：He Fought and Was Framed

第 23 课　一代天骄成吉思汗(48)
Genghis Khan："Beloved Son of Heaven"

第 24 课　施耐庵和《水浒传》(50)
　　　　　Shi Nai—an and His *Outlaws of the Marshes*

第 25 课　罗贯中和《三国演义》(52)
　　　　　Luo Guan—Zhong and His *Romance of the Three Kingdoms*

第 26 课　郑和下西洋(54)
　　　　　Great Navigator Zheng He

第 27 课　吴承恩和《西游记》(56)
　　　　　Wu Cheng—en and His *Pilgrimage to the West*

第 28 课　李时珍和《本草纲目》(58)
　　　　　Li Shi—zhen and His *Ben—cao Gang—mu*

第 29 课　戚继光抗倭(60)
　　　　　Anti—Japanese Hero Qi Ji—guang

第 30 课　郑成功收复台湾(62)
　　　　　Zheng Cheng—gong Establishing Control over Taiwan

第 31 课　林则徐虎门销烟(64)
　　　　　Lin Ze—xu Burning Opium at Humen

第 32 课　谭嗣同变法献身(66)
　　　　　Tan Si—tong: He Died For the 1898 Reform

第 33 课　民主革命的先驱孙中山(68)
　　　　　Sun Yat—sen: Father of Bourgeois Democratic Revolution

第 34 课　新中国的缔造者毛泽东(70)
　　　　　Mao Ze—dong: Founder of New China

第 35 课　中国改革开放的总设计师邓小平(72)
　　　　　Deng Xiao—ping: Chief Architect of China's Reform and Opening Policy

第1课 "炎黄子孙"的由来

炎帝和黄帝，是中国历史传说中的人物，他们一直被尊
Yándì hé Huángdì, shì Zhōngguó lìshǐ chuánshuō zhōng de rénwù, tāmen yìzhí bèi zūn
为中华民族的始祖。
wéi Zhōnghuá Mínzú de shǐzǔ.

从古至今，中国人一直把自炎黄以来所创造的灿烂文化
Cóng gǔ zhì jīn, Zhōngguórén yìzhí bǎ zì Yán Huáng yǐlái suǒ chuàngzào de cànlàn wénhuà
称为"炎黄文化"，分布在世界各地的中华儿女，也都认为
chēngwéi "Yán Huáng Wénhuà", fēnbù zài shìjiè gè dì de Zhōnghuá érnǚ, yě dōu rènwéi
自己是炎黄子孙。
zìjǐ shì Yán Huáng zǐsūn.

The Origin of "The Descendants of Yandi and Huangdi"

Yandi and Huangdi were two legendary heroes who have been honored as the ancestors of Chinese people.

From ancient times to the present, they have been reputed to be the origins of the Chinese culture and the Chinese in all parts of the world also regard themselves as the descendants of Yandi and Huangdi. Today the identity of Yandi and Huangdi served as a symbol of Chinese unification.

EMINENT FIGURES IN CHINESE HISTORY

古轩辕黄帝／刘启俊　张长江 摄影

第 2 课 大禹治水

大禹是中国神话传说中的治水专家。他的父亲叫鲧，
Dàyǔ shì Zhōngguó shénhuà chuánshuō zhōng de zhìshuǐ zhuānjiā. Tā de fùqīn jiào Gǔn,
也是治水能手。但是，他们治水的方法有些不同。鲧采用堵塞
yě shì zhìshuǐ néngshǒu. Dànshì, tāmen zhìshuǐ de fāngfǎ yǒuxiē bùtóng. Gǔn cǎiyòng dǔsāi
的办法，可是洪水太大了，根本堵不住。大禹总结了父亲治水的
de bànfǎ, kěshì hóngshuǐ tài dà le, gēnběn dǔ bu zhù. Dàyǔ zǒngjié le fùqīn zhìshuǐ de
经验教训，把筑堤堵塞跟开渠疏导结合起来，创造了以疏导为
jīngyàn jiàoxùn, bǎ zhùdī dǔsāi gēn kāiqú shūdǎo jiéhé qǐlái, chuàngzào le yǐ shūdǎo wéi
主的治水方法，成功地治理了洪水。
zhǔ de zhìshuǐ fāngfǎ, chénggōng de zhìlǐ le hóngshuǐ.

Yu the Great Pacifying the Flood

According to the Chinese myth, both Yu and his father Gun were considered as experts in controlling the flood. However, the father and the son adopted different methods. Gun tried to contain the waters within dikes, and he did not succeed. Then Yu succeeded to the labors commenced by his father. Besides building dikes like what Gun had done, he cut channels and built projects to drain the waters away to the sea. He finally succeeded in pacifying the flood.

EMINENT FIGURES IN CHINESE HISTORY

大禹治水／杨可千 画

第3课 孔子和《论语》

孔子 是 中国 春秋 时代 鲁国人, 中国 古代 伟大 的 思想家 和
Kǒngzǐ shì Zhōngguó Chūnqiū shídài Lǔguórén, Zhōngguó gǔdài wěidà de sīxiǎngjiā hé
教育家。据说 当时 他的 学生 有 三千人, 其中 最 优秀 的 有 七十二
jiàoyùjiā. Jùshuō dāngshí tā de xuésheng yǒu sān qiān rén, qízhōng zuì yōuxiù de yǒu qīshí'èr
人。孔子 的 话, 被 他 的 学生 记录 下来, 编成 了 一 本 书, 名字 叫
rén. Kǒngzǐ de huà, bèi tā de xuésheng jìlù xiàlái, biānchéng le yì běn shū, míng zi jiào
《论语》。《论语》中 记录 了 许多 孔子 关于 教育 的 思想, 比如:"不 耻 下 问"
《Lúnyǔ》.《Lúnyǔ》 zhōng jìlù le xǔduō Kǒngzǐ guānyú jiàoyù de sīxiǎng, bǐrú: "bù chǐ xià wèn"
"三 人 行, 必 有 我 师"。
"sān rén xíng, bì yǒu wǒ shī".

Confucius and His *Analects*

Confucius, a native of the state of Lu in the Spring and Autumn Period, is the greatest philosopher and educator in ancient Chinese civilization. Among the three thousand pupils he had, seventy-two were notable. His disciples compiled what he had taught them into a book known as Lun Yu (Analects) which covered almost all the Confucian maxims——e.g. "Open-minded study" (Do not feel ashamed to ask one's subordinates or people below) , "When three walk together, there must be one who can teach me."

EMINENT FIGURES IN CHINESE HISTORY

铜铸孔子像／朱平 摄影

第4课 孙武与《孙子兵法》

公元前506年，位于长江下游的吴国，以3万军队去攻
Gōngyuán qián 506 nián, wèiyú Chángjiāng Xiàyóu de Wúguó, yǐ 3 wàn jūnduì qù gōng-
打有20万军队的楚国，结果大胜，创造了战争史上以少
dǎ yǒu 20 wàn jūnduì de Chǔguó, jiéguǒ dà shèng, chuàngzào le zhànzhēng shǐ shang yǐ shǎo
胜多的奇迹。创造这个奇迹的，就是孙武和他的兵法。
shèng duō de qíjì. Chuàngzào zhège qíjì de, jiù shì Sūn Wǔ hé tā de bīngfǎ.

孙武本来是春秋末期的齐国人，后来去了吴国，在那儿专心研究
Sūn Wǔ běnlái shì Chūnqiū mòqī de Qíguórén, hòulái qù le Wúguó, zài nàr zhuānxīn yánjiū
兵法，并把研究成果写成专著，这就是对古今中外都
bīngfǎ, bìng bǎ yánjiū chéngguǒ xiěchéng zhuānzhù, zhè jiù shì duì gǔ jīn zhōng wài dōu
产生很大影响的军事著作——《孙子兵法》。
chǎnshēng hěn dà yǐngxiǎng de jūnshì zhùzuò——《Sūnzǐ Bīngfǎ》.

Sun Wu and His *Essentials of War*

In 506 BC, Wu, a state located in the lower reaches of the Yangtze River, launched an attack on the state of Chu. As a result, Wu defeated the enemy troops of two hundred thousand men with an inferior force of thirty thousand men. This victory could be attributed to Sun Wu, the leader of the Wu forces, and his military tactics.

Sun Wu was a native of Qi living in the last years of the Spring and Autumn Period, but he went to Wu and studied military science there. The Essentials of War (13 chapters in total) was his masterpiece on military strategy and tactics, which enjoys a high popularity the world over.

EMINENT FIGURES IN CHINESE HISTORY

孙武石像／王德英 摄影

第5课 投江而死的诗人屈原

屈原　生活　在　战国　时代　的楚国，　曾经　辅佐　过 楚怀王
Qū Yuán shēnghuó zài Zhànguó shídài de Chǔguó, céngjīng fǔzuǒ guo Chǔhuáiwáng
变革　政治。　屈原　希望　通过　实行　法治 和 任用　贤能　把 楚国
biàngé zhèngzhì. Qū Yuán xīwàng tōngguò shíxíng fǎzhì hé rènyòng xiánnéng bǎ Chǔguó
变成　一个 富强　的大国， 但是，　屈原　的做法 得罪 了 贵族 势力，楚怀王
biànchéng yí ge fùqiáng de dàguó, dànshì, Qū Yuán de zuòfǎ dézuì le guìzú shìlì, Chǔhuáiwáng
听信 了 这些 人 的 谗言， 不再 信任 他。屈原　很 痛苦， 于是 写下 了 著名
tīngxìn le zhèxiē rén de chányán, búzài xìnrèn tā. Qū Yuán hěn tòngkǔ, yúshì xiěxià le zhùmíng
的 长诗 《离骚》。最后， 屈原 看到 楚国 政治 极端 腐败，楚国 的
de chángshī 《Lísāo》. zuìhòu, Qū Yuán kàndào Chǔguó zhèngzhì jíduān fǔbài, Chǔguó de
都城 又 被 秦 攻破，他 无力 挽救 楚国 的危亡， 又 不愿 做 秦国
dūchéng yòu bèi Qín gōngpò, tā wúlì wǎnjiù Chǔguó de wēiwáng, yòu bú yuàn zuò Qínguó
的 臣民， 就 投 汨罗 江 而 死。
de chénmín, jiù tóu Mìluó Jiāng ér sǐ.

Qu Yuan: the Poet Drowning in the River

A native of Chu in the Warring Period, Qu Yuan once served King Huai of Chu as a high official. He cherished the hope that Chu would someday be strong, and he proposed political reforms in the government, by which the country would be ruled according to law and administered by the able. His proposal, however, went against the interests of the aristocrat class, who therefore often launched to the king slanderous attacks on him. Consequently the king gave ear to slanders against Qu Yuan and did not trust him any more. Overwhelmed with sorrow, Qu Yuan wrote Li Sao (Song of Encountering Sorrow), a long lyric poem of lament, which is considered as an immortal masterpiece. Eventually Qu Yuan was so sad at the fate of his country and so unwilling to succumb to Qin, which had occupied the capital of Chu, that he drowned himself in the Milo River in Hunan.

EMINENT FIGURES IN CHINESE HISTORY

屈子行吟

第6课 秦始皇统一中国

秦始皇 是 战国 末年 秦国 的 国王。 公元 前 230 年 至
Qínshǐhuáng shì Zhànguó mònián Qínguó de guówáng. Gōngyuán qián 230 nián zhì
公元 前 221 年， 他 先后 灭掉 韩、魏、楚、燕、赵、齐六国，建立了
gōngyuán qián 221 nián, tā xiānhòu mièdiào Hán、Wèi、Chǔ、Yān、Zhào、Qí liù guó, jiànlì le
中国 历史 上 第一个 统一 的 中央 集权 的 封建 国家——秦朝。
Zhōngguó lìshǐ shang dì-yī ge tǒngyī de zhōngyāng jíquán de fēngjiàn guójiā——Qínchǎo.
秦始皇 做了 许多 了不起 的 大事。 比如： 统一 中国， 统一 文字，
Qínshǐhuáng zuò le xǔduō liǎobuqǐ de dàshì. Bǐrú: tǒngyī Zhōngguó, tǒngyī wénzì,
统一 度量衡， 废除 分封、 设置 郡县， 修 万里 长城。
tǒngyī dùliánghéng, fèichú fēnfēng、shèzhì jùnxiàn, xiū Wànlǐ Chángchéng.

The First Emperor of the Qin Dynasty

Qin Shi-huang was the king of Qin in the period of Warring States. From 230 BC to 221 BC, Qin succeeded in annexing all the other six states, Han, Wei, Chu, Yan, Zhao, and Qi. For the first time in Chinese history the whole country was unified under a strong centralized, autocratic feudal government.

Qin Shi-huang ruled with great skill. For example, the officials were titled aristocrats, yet their positions were not hereditary. The country was divided into provinces which were subdivided into counties. For the first time a standard written language was applied throughout the whole country. So were currency, weights, and measures. Qin also built the Great Wall that zigzagged for 10,000 li.

EMINENT FIGURES IN CHINESE HISTORY

河北秦皇岛市秦始皇雕像／王凤梅 摄影

第7课 与秦始皇齐名的汉武帝

汉武帝 在位 54年，最大的 功绩 有 三个方面： 一是 抗击 匈奴，
Hànwǔdì zàiwèi 54 nián, zuì dà de gōngjī yǒu sān ge fāngmiàn: yī shì kàngjī Xiōngnú,
巩固 了 汉朝 的 疆域。 匈奴 是 生活 在 蒙古 高原 上 的 一个
gǒnggù le Hàncháo de jiāngyù. Xiōngnú shì shēnghuó zài Měnggǔ Gāoyuán shang de yí ge
古老 的 游牧 民族， 常常 依仗 骑兵 侵扰 中原。 汉武帝 通过
gǔlǎo de yóumù mínzú, chángcháng yīzhàng qíbīng qīnrǎo zhōngyuán. Hànwǔdì tōngguò
战争 手段， 彻底 把 匈奴 打败了，此后 50年 间边疆 平静。 二是
zhànzhēng shǒuduàn, chèdǐ bǎ Xiōngnú dǎbài le, cǐhòu 50 nián jiān biānjiāng píngjìng. Er shì
完善 政治、 经济 制度。 三是 征集 古代 遗书，设立 太学（相当于 现在
wánshàn zhèngzhì、jīngjì zhìdù. Sān shì zhēngjí gǔdài yíshū, shèlì Tàixué (xiāngdāngyú xiànzài
的 大学）， 推动 文化 和 教育 事业 的 复兴 和 发展。
de dàxué), tuīdòng wénhuà hé jiàoyù shìyè de fùxīng hé fāzhǎn.

Han Wu-di: An Emperor Equally Famous With Qin Shi-huang

Emperor Wu-di of the Han Dynasty was very competent and clear-sighted. His achievements in his 54-year reign can be roughly summarized in the following three points. First, he undertook military expeditions against the Huns to safeguard the border regions. To the north of the Middle Kingdom there lived an ancient nomadic tribe named Huns, whose cavalry had enabled them to continually conduct raids southwards into the Middle Kingdom. Emperor Wu-di succeeded in launching a full military attack on the Huns and drove them out. For nearly half a century, the border regions were secured. Secondly, Emperor Wu-di managed to perfect the political and economic systems of the country. Thirdly, Emperor Wu-di made efforts to improve the national culture and education. He called for the collection of the ancient classics and set up an imperial university for the study of these classics.

EMINENT FIGURES IN CHINESE HISTORY

汉武帝抗击匈奴／杨可千 画

第8课 张骞出使西域

汉朝时候，我国甘肃玉门关以西叫做西域，更远的中亚
Hàncháo shíhou, wǒguó Gānsù Yùménguān yǐ xī jiàozuò Xīyù, gèngyuǎn de Zhōngyà
一带也叫西域。当时，北方少数民族匈奴不断侵扰中原。汉武帝
yídài yě jiào Xīyù. Dāngshí, běifāng shǎoshù mínzú Xiōngnú búduàn qīnrǎo Zhōngyuán. Hànwǔdì
为了解除匈奴的威胁，想联络西域的大月氏国共同夹击匈奴。
wèile jiěchú Xiōngnú de wēixié, xiǎng liánluò Xīyù de Dàròuzhīguó gòngtóng jiājī Xiōngnú.
于是招募出使西域的使者。张骞应募。公元前138年，张骞
Yúshì zhāomù chūshǐ Xīyù de shǐzhě. Zhāng Qiān yìngmù. Gōngyuánqián 138 nián, Zhāng Qiān
率100多人出使大月氏。中国与中亚、西亚各国的官方往来，
shuài 100 duō rén chūshǐ Dàròuzhī. Zhōngguó yǔ Zhōngyà、Xīyà gè guó de guānfāng wǎnglái,
从此拉开了序幕。
cóngcǐ lākāi le xùmù.

Zhang Qian's Journey to the Western Regions

The term "Western regions", as it was understood in the Han Dynasty, meant the land west of Yumen Pass in Gansu Province, as well as the land further away in Central Asia. When Emperor Han Wu-di planned to attack the Huns he wanted the Ephthalites in the Western Regions to help him. Therefore he tried to recruit a man who could go to the land of the Ephthalites, and Zhang Qian volunteered. In 138 BC, Zhang Qian set out on the trip with the entourage of more than 100 people. Thus started the frequent official exchanges between China and countries in the middle and central Asia.

张骞出使西域辞别汉武帝图／茹遂初

第 9 课 司马迁忍辱写《史记》

司马迁 是 西汉 汉武帝 时期 的 史官， 他 写 的 《史记》是 中国 第一
Sīmǎ Qiān shì Xīhàn Hànwǔdì shíqī de shǐguān, tā xiě de 《Shǐjì》 shì Zhōngguó dì-yī
部 纪传体 史书。
bù jìzhuàntǐ shǐshū.

公元前 99 年， 司马迁 因 替 一 位 陷入 绝境 而 被迫 投降 匈奴
Gōngyuánqián 99 nián, Sīmǎ Qiān yīn tì yí wèi xiànrù juéjìng ér bèipò tóuxiáng Xiōngnú
的 将领 辩白， 得罪 了 汉武帝， 遭受 腐刑。司马迁 的 精神 和 肉体
de jiānglǐng biànbái, dézuì le Hànwǔdì, zāoshòu fǔxíng. Sīmǎ Qiān de jīngshén hé ròutǐ
受到 极大 损害，甚至 想 自杀。但 他 想到 《史记》还 没有 写完， 便
shòudào jídà sǔnhài, shènzhì xiǎng zìshā. Dàn tā xiǎngdào 《Shǐjì》 hái méiyǒu xiěwán, biàn
忍辱 负重， 发愤 写作。他 前后 用 了 13 年 的 时间， 终于 完成 了 这
rěn rǔ fù zhòng, fāfèn xiězuò. Tā qiánhòu yòng le 13 nián de shíjiān, zhōngyú wánchéng le zhè
部 历史 名著。
bù lìshǐ míngzhù.

Si-ma Qian Writing *Shi Ji* in Disgrace

Si-ma Qian was a court historian during the reign of the Emperor Han Wu-di, who wrote Shi Ji (Records of the Grand Historian), the first history book of biographical writing.

In 99 BC Si-ma Qian was subjected to the punishment of castration and thrown into prison by Emperor Han Wu-di for defending a general who was forced to surrender to the Huns. Such untold misery almost drove him to commit suicide. Nevertheless, subsequent to this disgrace, he occupied himself with the completion of historical undertaking. It took him 13 yers.

EMINENT FIGURES IN CHINESE HISTORY

司马迁忍辱写史记／杨可千 画

第10课 蔡伦造纸

蔡伦是东汉末年皇宫中掌管宫廷事物的小官。
Cài Lún shì Dōnghàn mònián huánggōng zhōng zhǎngguǎn gōngtíng shìwù de xiǎoguān.
蔡伦从妇女们制造丝绵的过程受到启发。经过反复研究
Cài Lún cóng fùnǚmen zhìzào sīmián de guòchéng shòudào qǐfā. Jīngguò fǎnfù yánjiū
实验，他将树皮、麻头、破布、渔网等低廉而丰富的材料，通过
shíyàn, tā jiāng shùpí, mátóu, pòbù, yúwǎng děng dīlián ér fēngfù de cáiliào tōngguò
分离、捶捣、交织、干燥等工序，制造成纤维纸。公元7世纪，
fēnlí, chuídǎo, jiāozhī, gānzào děng gōngxù, zhìzào chéng xiānwéizhǐ. Gōngyuán 7 shìjì,
中国的造纸技术经由朝鲜传到日本，8世纪传到阿拉伯，后
Zhōngguó de zàozhǐ jìshù jīng yóu Cháoxiǎn chuándào Rìběn, 8 shìjì chuándào Ālābó, hòu
经阿拉伯传入欧洲。
jīng Ālābó chuānrù Ōuzhōu.

Cai Lun in the Art of Papermaking

Cai Lun was a petty official in charge of court affairs in the last years of the Eastern Han Dynasty. He took experiences from the women's silk processing procedure, carried out constant practice and experiments, and finally made the first finer grade of paper, which was called hemp paper. He added the barks of trees, rope ends, rags, and rotten fishing nets to the supply of raw materials. These raw materials were processed into paper by such physical and chemical treatments as expansion, pounding, fibrillating, dewatering, and drying. In the seventh century this technique of papermaking found its way through Korea to Japan. By the eighth century it had been introduced into Arabia and then from Arabia to European countries.

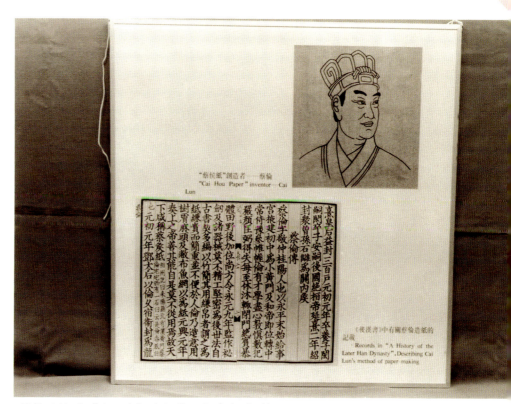

蔡伦画像及《后汉书》中记载／赵建中 摄影

第11课 张衡发明浑天仪和地动仪

在北京建国门的古观象台上，有一个空心球体上面
Zài Běijīng Jiànguómén de gǔ guānxiàngtái shang, yǒu yí ge kōngxīn qiútǐ shàngmian
布满星辰的仪器，它的名字叫浑天仪，是用来观测天文现象
bùmǎn xīngchén de yíqì, tā de míngzi jiào Húntiānyí, shì yònglái guāncè tiānwén xiànxiàng
的。它的发明者，就是东汉的张衡。
de. Tā de fāmíngzhě, jiùshì Dōnghàn de Zhāng Héng.

张衡一生最大的成就，除了创造浑天仪以外，还创造
Zhāng Héng yìshēng zuì dà de chéngjiù, chúle chuàngzào Húntiānyí yǐwài, hái chuàngzào
了地动仪。地动仪是用来观测地震的，是个了不起的发明。
le Dìdòngyí. Dìdòngyí shì yònglái guāncè dìzhèn de, shì ge liǎobuqǐ de fāmíng.

Zhang Heng：Maker of the Armillary Sphere and Seismograph

At the Jianguomen Ancient Observatory in Beijing is installed a simulated armillary sphere, an astronomical model with solid rings, all circles of a single sphere used to display relationships among the principal celestial bodies. This is one of the two greatest inventions of Zhang Heng, the great astronomer of the Eastern Han Dynasty, the other being the seismograph, an remarkable instrument which indicated the region of an earthquake.

地动仪

第12课 神医华佗

华佗是东汉末年杰出的医学家。
Huà Tuó shì Dōnghàn mònián jiéchū de yīxuéjiā.

华佗是世界上第一个发明麻醉药的人,也是最早采用全身麻醉方法施行手术的医生。华佗发明的麻醉药叫"麻沸散"。在手术前,患者服用"麻沸散"后即进入全身麻醉状态,手术时病人不感到痛苦。这是医学史上的伟大创举。
Huà Tuó shì shìjiè shang dì-yī ge fāmíng mázuìyào de rén, yě shì zuì zǎo cǎiyòng quánshēn mázuì fāngfǎ shīxíng shǒushù de yīshēng. Huà Tuó fāmíng de mázuìyào jiào "Mǎfèisǎn". Zài shǒushù qián, huànzhě fúyòng "Mǎfèisǎn" hòu jí jìnrù quánshēn mázuì zhuàngtài, shǒushù shí bìngrén bù gǎndào tòngkǔ. Zhè shì yīxuéshǐ shang de wěidà chuàngjǔ.

Grand Surgeon Hua Tuo

Hua Tuo was a celebrated physician and surgeon in the late Eastern Han Dynasty.

Hua Tuo was the first doctor in the world who invented the anaesthetic, called ma fei san, and applied it to his surgical operations. Patients were asked to have ma fei san so that they could undergo operations without pain. This was no small feat in those days.

EMINENT FIGURES IN CHINESE HISTORY

华佗故居——元化草堂／吴丽霞 摄影

第13课 陶渊明和《桃花源记》

陶渊明是东晋时代杰出的诗人。
Táo Yuānmíng shì Dōngjìn shídài jiéchū de shīrén.

陶渊明写了许多优美的田园诗,还写了著名的《桃花源记》。
Táo Yuānmíng xiěle xǔduō yōuměi de tiányuánshī, hái xiě le zhùmíng de《Táohuāyuán Jì》.

在《桃花源记》中,他描述了一个与世隔绝的理想的生活天地。
Zài《Táohuāyuán Jì》zhōng, tā miáoshù le yí ge yǔ shì géjué de lǐxiǎng de shēnghuó tiāndì.

在那里,没有剥削和压迫,人与人的关系非常融洽。人们生活
Zài nàli, méiyǒu bōxuē hé yāpò, rén yǔ rén de guānxi fēicháng róngqià. Rénmen shēnghuó

富裕,安居乐业,是个没有忧愁的理想王国。后人称陶渊明
fùyù, ān jū lè yè, shì ge méiyǒu yōuchóu de lǐxiǎng wángguó. Hòurén chēng Táo Yuānmíng

描写的这个理想境界为"世外桃源"。
miáoxiě de zhège lǐxiǎng jìngjiè wéi "Shìwàitáoyuán".

Tao Yuan-ming and His *Peach-Blossom Springs*

Tao Yuan-ming was one of the greatest pastoral poets and a noted recluse in the Eastern Jin Dynasty.

He had written many poems, among which Peach-Blossom Springs was his masterpiece. In this lyric prose he described an unknown place so cut off from the rest of the world that all the inhabitants entertained themselves with their wealthy lives and lived in great harmony and self-contentment. Later, people called the fictitious place described by Tao Yuan-ming as "the Land of Peach Blossoms" (a haven of peace, away from the turmoil of the world).

EMINENT FIGURES IN CHINESE HISTORY

湖南省桃源县桃花源渊明祠陶渊明像／杜飞豹 摄影

第14课 玄奘取经

玄奘 是 唐代 高僧。
Xuánzàng shì Tángdài gāosēng.

当时, 玄奘 深感 国内 佛经 译本 缺乏 和 译文 多误, 决心 到 佛教
Dāngshí, Xuánzàng shēngǎn guónèi fójīng yìběn quēfá hé yìwén duōwù, juéxīn dào fójiào
圣地 印度 去 直接 学习。627 年, 玄奘 从 长安 出发, 途中 经过
shèngdì Yìndù qù zhíjiē xuéxí. 627 nián, Xuánzàng cóng cháng'ān chūfā, túzhōng jīngguò
数不清 的 高山、 大河、 沙漠、 历尽 千 难 万 苦, 终于 在 第二 年 到达
shǔbuqīng de gāoshān、 dàhé、 shāmò、 lìjìn qiān nán wàn kǔ, zhōngyú zài dì-èr nián dàodá
印度。玄奘 在 印度 15 年, 学习、 研究 佛教。回国 时, 带回 了 大量
Yìndù. Xuánzàng zài Yìndù 15 nián, xuéxí、 yánjiū fójiào. Huíguó shí, dàihuí le dàliàng
佛教 典籍。
fójiào diǎnjí.

Xuan-zang: Buddhist Pilgrim

Xuan-zang was an eminent monk in the Tang Dynasty.

Xuan-zang had come to realize that the various versions of the scriptures then available in China were incomplete and contradictory. So he decided to go to India, where the Buddha was born, to find the original version. In 627 he set out from Chang'an, the Tang capital, and started a long journey to the west. He traveled across the uninhabited mountain ranges, rivers, and vast stretches of deserts and finally arrived in India in the following year. There he stayed for fifteen years studying Buddhism. When he returned to China, he brought back many volumes of scriptures.

EMINENT FIGURES IN CHINESE HISTORY

玄奘负笈精笺图／茹遂初

第15课 松赞干布和文成公主

在 隋唐 时期，西藏 叫 吐蕃，松赞干布 是 吐蕃王。公元 634 年，
Zài Suí Táng shíqī, Xīzǎng jiào Tǔbō, Sōngzàngānbù shì Tǔbōwáng. Gōngyuán 634 nián,
松赞干布 派 吐蕃 使臣 赴 唐朝 的 都城 长安 朝贡，唐太宗
Sōngzàngānbù pài Tǔbō shíchén fù Tángcháo de dūchéng Cháng'ān cháogòng, Tángtàizōng
派 使臣 带 丰厚 的 礼品 随 吐蕃 使臣 回 吐蕃 答谢。松赞干布 接触 到
pài shíchén dài fēnghòu de lǐpǐn suí Tǔbō shíchén huí Tǔbō dáxiè. Sōngzàngānbù jiēchù dào
大唐 丰富 多彩 的 物质 文明，非常 仰慕，决心 向 唐 皇室
dàtáng fēngfù duōcǎi de wùzhì wénmíng, fēicháng yǎngmù, juéxīn xiàng Táng huángshì
求婚。公元 641 年，唐太宗 派 使臣 护送 文成 公主 入 吐蕃
qiúhūn. Gōngyuán 641 nián, Tángtàizōng pài shíchén hùsòng Wénchéng Gōngzhǔ rù Tǔbō
成婚。他们 的 婚姻，促进 了 汉藏 两 个 民族 之间 的 友谊。
chénghūn. Tāmen de hūnyīn, cùjìn le Hàn Zàng liǎng ge mínzú zhījiān de yǒuyì.

Songtsam Gambo and Princess Wen-cheng

    The Tufans in the Sui and Tang dynasties were the ancestors of the modern Tibetans. Songtsam Gambo was a Tufan leader. In 634 the 18-year-old Songtsam Gambo sent Tufan envoys to pay tribute to Chang'an. The Tufan envoys were accorded a grand reception at the Tang court. In return Emperor Tang Tai-zong sent his diplomatic ministers to Tufan with generous gifts. Under the guidance of the Tufan envoy, the Tang ministers arrived at the Tufan and expressed Emperor Tai-zong's appreciation for Songtsam's kindness. Since then Songtsam Gambo had been absorbed by the highly advanced culture of the feudal Tang Dynasty. Again he sent his envoys to Chang'an to seek a marriage with a Tang Princess. In 641 Princess Wen-cheng, a daughter of the Tang Emperor, was sent to Tibet. Thanks to their relation by matrimony, the advanced Han culture was brought into Tibet. The ties became closer between the Han and Tibetan peoples.

EMINENT FIGURES IN CHINESE HISTORY

松赞干布像／余鹏飞 摄影

文成公主像／余鹏飞 摄影

第16课 鉴真东渡

鉴真 是 唐代 高僧。
Jiānzhēn shì Tángdài gāosēng.

公元 642 年，日本 僧人 拜访 他，请求 大唐 和尚 到 日本 去
Gōngyuán 642 nián, Rìběn sēngrén bàifǎng tā, qǐngqiú dàtáng héshang dào Rìběn qù
传戒。鉴真 决定 亲自带 弟子去日本 传戒。他 先后 12 次东渡 日本,
chuánjiè. Jiānzhēn juédìng qīnzì dài dìzǐ qù Rìběn chuánjiè. Tā xiānhòu 12 cì dōngdù Rìběn,
但是 前 11 次都 没有 成功, 几次 几乎 丧命。公元 753 年 11 月,
dànshì qián 11 cì dōu méiyǒu chénggōng, jǐcì jīhū sàngmìng. Gōngyuán 753 nián 11 yuè,
已经 66 岁 的 鉴真, 不顾 双目 已经 失明, 毅然 再次 踏上 去 日本 的
yǐjīng 66 suì de Jiānzhēn, búgù shuāngmù yǐjīng shīmíng, yìrán zàicì tà shang qù Rěběn de
航船。这 一 次, 他 终于 顺利 到达 日本。在 日本, 鉴真 受到 热烈
hángchuán. Zhè yí cì, tā zhōngyú shùnlì dàodá Rìběn. Zài Rìběn, Jiānzhēn shòudào rèliè
欢迎。
huānyíng.

Monk Jian-zhen：Journey to Japan

Jian-zhen was an eminent monk in the Tang Dynasty.

In 742, two Japanese priests traveled to China in search of a Buddhist priest willing to go to Japan. Jian-zhen agreed to go but none of his disciples volunteered to accompany him. During the course of ten years he was unsuccessful in his attempts to reach Japan because in those days it was very difficult to undertake the perilous sea journey. Jian-zhen almost died from danger during his journeys. Before his last attempt in Dec. 753, the 66-year-old Jian-zhen contracted an eye disease that left him blind. Nevertheless, he persevered in his goal and embarked a boat and at last arrived in Japan. He was warmly welcomed by the Japanese people.

EMINENT FIGURES IN CHINESE HISTORY

鉴真像

第17课 诗仙李白

李白生于发达昌盛的唐代。总是以壮阔的胸怀、优美的笔触抒写人生和自然。比如他写黄河的壮美和水势:"黄河之水天上来,奔流到海不复回";他写庐山瀑布:"飞流直下三千尺,疑是银河落九天"。

李白的《静夜思》:"床前明月光,疑是地上霜。举头望明月,低头思故乡。"几乎人人都能背诵。

Li Bai——The Poet Laureate

Li Bai lived during the Tang Empire's most prosperous period. He loved his country and people, using his versatile writing brush to sing of the charms and beauty of his motherland and of human beings. Often quoted are his description of the Yellow River: "The Yellow River comes from the sky/Rushing into the sea and ne'er come back?" He celebrated the brilliance of the waterfall at Lushan Mountain with flashes of imagination: "The rushing torrent pours down three thousand feet sheer/As if the Milky Way is falling from heaven."

Sometimes Li Bai engaged himself in composing a few lines of tender feeling. One of his most famous verses is about "A Tranquil Night":

　　Before my bed a pool of light,
　　　Is it hoarfrost upon the ground?
　　Eyes raised, I see the moon so bright;
　　　Head bent, in homesickness I'm drowned.

EMINENT FIGURES IN CHINESE HISTORY

李太白像／傅抱石 画

第18课　诗圣杜甫

杜甫是与李白齐名的唐代大诗人。他的诗歌有许多名句，让人过目不忘。比如，"朱门酒肉臭，路有冻死骨。""烽火连三月，家书抵万金。"

Dù Fǔ shì yǔ Lǐ Bái qímíng de Tángdài dàshīrén. Tā de shīgē yǒu xǔduō míngjù, ràng rén guò mù bú wàng. Bǐrú, "Zhūmén jiǔròu chòu, lù yǒu dòngsǐ gǔ." "Fēnghuǒ lián sānyuè, jiāshū dǐ wànjīn."

Du Fu —— The Poet Laureate

Du Fu was a poet in the Tang Dynasty who rivaled Li Bai for the title of China's greatest poet. He showed a lifetime concern over the fate of the nation and the people, and wrote many poems denouncing social problems. For want of space we can only quote a few lines of his poetry as an illustration:

  Behind the mansion's crimson gates, wine is
   left to sour, meat to rot.
  Outside lie the bodies of those who have
   frozen or died of starvation.
    —— "A Song of One Hundred Lines on the Journey from
     the Capital to Fengxian County"

  For three months the beacon fires soar and burn the skies,
  A family letter is worth ten thousand gold in price.
    —— "A Spring View"

EMINENT FIGURES IN CHINESE HISTORY

杜甫草堂／宋学广 摄影

第19课 毕升发明活字印刷术

毕升 是 宋代 人，他 发明 了 活字 印刷术。 印刷术 是 中国
Bì Shēng shì Sòngdài rén, tā fāmíng le huózì yìnshuāshù. Yìnshuāshù shì Zhōngguó
古代 四大 发明 之一。
gǔdài sì dà fāmíng zhī yī.

活字 印刷术，又 称 活版 印刷术。 它是 分体 刻 字模,把 字模 排 在
Huózì yìnshuāshù, yòu chēng huóbǎn yìnshuāshù. Tā shì fēntǐ kè zìmú, bǎ zìmú pái zài
平板 上 进行 印刷。 它 的 最大 特点 是 字模 可以 拆分，所以 可以 重复
píngbǎn shang jìnxíng yìnshuā. Tā de zuì dà tèdiǎn shì zìmú kěyǐ chāifēn, suǒyǐ kěyǐ chóngfù
使用。 这 项 技术 的 发明， 是 对 印刷 方法 的 一次 革命性 创新。
shǐyòng. Zhè xiàng jìshù de fāmíng, shì duì yìnshuā fāngfǎ de yí cì gémìngxìng chuàngxīn.

Bi Sheng：Inventor of Movable-Type Printing

Bi Sheng, a commoner in the Song Dynasty, invented the world's first block-letter printing technique, the movable-type printing. Printing was one of ancient China's Four Great Inventions.

The block-letter printing technique is also known as movable-block printing. Different from the old-fashioned wood-block printing, it involves of making clay types, one for each character. For typesetting, a clay type was spread on a square sheet of iron until it was full. This method proved to be very scientific, for the clay types could be dismantled and thus used again. Bi Sheng's technique was the most remarkable achievement in printing.

EMINENT FIGURES IN CHINESE HISTORY

北宋活字印刷发明——宋代泥活字模型

第20课 铁面包公

包公，宋代名臣。京剧传统剧目《铡美案》说的就是包公
Bāogōng, Sòngdài míngchén. Jīngjù chuántǒng jùmù 《Zhá měi'àn》 shuō de jiù shì Bāogōng
执法如山的故事。陈世美考上了状元，做了驸马。他的妻子秦
zhífǎ rú shān de gùshì. Chén Shìměi kǎoshàng le Zhuàngyuán, zuò le fūmǎ. Tā de qīzi Qín
香莲带着孩子来找他。陈世美怕被公主知道自己已有家室，
Xiānglián dàizhe háizi lái zhǎo tā. Chén Shìměi pà bèi gōngzhǔ zhīdao zìjǐ yǐ yǒu jiāshì,
把妻子和孩子赶出大门。他还不放心，竟派人去杀秦香莲母子。
bǎ qīzi hé háizi gǎnchū dàmén. Tā hái bú fàngxīn, jìng pài rén qù shā Qín Xiānglián mǔzǐ.
包公在了解事情经过后，不畏皇帝，判处陈世美死刑。
Bāogōng zài liǎojiě shìqing jīngguò hòu, bú wèi huángdì, pànchǔ Chén Shìměi sǐxíng.

Duke Bao: Upright Judge

Duke Bao, or Bao Zheng, was the most renowned judge in the Song Dynasty. One of the most famous stories in Peking Opera about Duke Bao is called Execution of Chen Shi-mei. The story goes like this: a poor scholar named Chen Shi-mei marries a woman named Qin Xiang-lian, who endures many hardships to advance his career. Coming in first in the imperial examinations, Chen conceals the fact that he has a wife back home in order to marry the emperor's daughter. The deserted Xiang-lian comes to the capital to look for him, but is rejected by Chen. In order to protect his position Chen hires an assassin to kill his first wife and the two children. The killer, however, changes his mind when he hears the true story. Then Xiang-lian brings suit against her husband in Bao's court. Judge Bao becomes the champion of the wronged woman after he examines the evidence and conducts the investigation. Disregarding pressure from the emperor, Bao insists on prosecuting the case, and the faithless Chen is eventually executed under the fodder chopper. This story shows how strictly Bao Zheng enforces the law. His exploits as a judge has gained him lasting immortality.

EMINENT FIGURES IN CHINESE HISTORY

包公像

第21课 苏轼和宋词

苏轼，北宋 大文学家。他21岁中 进士，为官 正直、 清廉，但 多
Sū Shì, Běisòng dàwénxuéjiā. Tā 21 suì zhòng jìnshì, wéi guān zhèngzhí、qīnglián, dàn duō
次被贬。曾 于 黄州 筑室于东坡， 故自 称 东坡居士，人 称 苏
cì bèi biǎn. Céng yú Huángzhōu zhù shì yú Dōngpō, gù zì chēng Dōngpōjūshì, rén chēng Sū
东坡。苏轼 的词千古 传诵， 如《赤壁 怀古》："大江 东去， 浪 淘 尽，
Dōngpō. Sū Shì de cí qiāngǔ chuánsòng, rú《chìbì huáigǔ》:"Dàjiāng dōngqù, làng táo jìn,
千古 风流 人物……"。人们 一 提到 宋词， 便 会想到 苏 轼 和 他的作品。
qiāngǔ fēngliú rénwù……". Rénmen yì tídào Sòngcí, biàn huìxiǎngdào Sū Shì hé tā de zuòpǐn.

Su Dong-po and the Poetry of the Song Dynasty

  Su Dong-po was a great poet in the Song Dynasty. When he was 21, Su performed brilliantly in his official examinations. He worked industriously and honestly at his official position, but was degraded again and again. He once built a residence on the eastern slope in Huangzhou, and therefore called himself "Dong-po-ju-shi." His ci poetry covered a much wider range of subjects (of the state, society, and the sensual or emotional aspects of life) and gave expressions to his bold and unconstrained feelings and thoughts. In enhancing the impression of historical significance, he wrote:" This river has e'er swept its way, eastward bound/ It leaves, in memory, men with victory crowned." ("At the bluffs on the Yangtze: a reminiscence") Thanks to Su' sachievements, the ci poetry flourished to the height of perfection in the Song Dynasty.

EMINENT FIGURES IN CHINESE HISTORY

苏轼石像

第22课 精忠报国的岳飞

岳 飞 是 南宋   抗 金 名将。
Yuè Fēi shì Nánsōng kàng Jīn míngjiāng.
公元   1125 年 和 1126 年, 中国   北方 游牧 民族 建立 的 金国
Gōngyuán 1125 nián hé 1126 nián, Zhōngguó běifāng yóumù mínzú jiànlì de Jīnguó
大举 南下 侵宋。 在 国 破 家 亡 的 危急 时刻, 岳 飞 挺身 而 出, 从军
dàjǔ nánxià qīn Sòng. Zài guó pò jiā wáng de wēijí shíkè, Yuè Fēi tǐngshēn ér chū, cóngjūn
报国。 就 在 岳 飞 率 军 为 恢复 国土 奋勇 拼杀 的 时候, 受 皇帝
bàoguó. Jiù zài Yuè Fēi shài jūn wèi huīfù guótǔ fènyǒng pīnshā de shíhou, shòu huángdì
宠信 的 奸臣 秦桧 恐 岳 飞 功 高, 唆使 皇帝 从 前方 诏回
chǒngxìn de jiānchén Qín Huì kǒng Yuè Fēi gōng gāo, suōshǐ huángdì cóng qiánfāng zhàohuí
岳 飞, 并 以 "莫须有" 的 罪名 杀害 了 他。
Yuè Fēi, bìng yǐ "mòxūyǒu" de zuìmíng shāhài le tā.

Yue Fei: He Fought and Was Framed

Yue Fei was a famous anti-Jin general in the Southern Song Dynasty. His reputation rest on his deeds in defending the Southern Song territory. The Jins (Nüzhens) were tribesmen in north China. In 1125 and 1126 the Jin troops crossed the Yellow River and marched straight to Kaifeng, the Song Capital. In the emergency of the national calamity caused by foreign aggression, Yue Fei volunteered for the army. But while Yue Fei was in his effort to drive the Jin troops out of the country, Qin Hui, a favorite minister of the imperial court, was jealous of his achievements. He instigated the emperor to order the Song troops to withdraw from the front and deprived Yue Fei of his military power. Finally Yue Fei was executed on a trumped-up charge. Since his death, Yue Fei's image has become an important symbol of loyalty to one's country for the Chinese people.

岳飞抗金／杨可千 画

第 23 课 一代天骄成吉思汗

13 世纪初，成吉思汗统一了蒙古各部，在蒙古高原上建立了
13 shìjì chū, Chéngjísīhán tǒngyī le Měnggǔ gè bù, zài Měnggǔ Gāoyuán shang jiànlì le
大蒙古国。成吉思汗凭借强大的骑兵占领了中亚、欧洲东部
Dàměnggǔguó. Chéngjísīhán píngjiè qiángdà de qíbīng zhànlǐng le Zhōngyà、Ōuzhōu dōngbù
和伊朗北部，建立起横跨欧亚的蒙古大汗国。1271 年，成吉思汗的
hé Yīlǎng běibù, jiànlì qǐ héngkuà Ōu Yà de Měnggǔ Dàhánguó. 1271 nián, Chéngjísīhán de
孙子忽必烈在北京建立元朝，8 年后统一中国。元朝持续了 98
sūnzi Hūbìliè zài Běijīng jiànlì Yuáncháo, 8 nián hòu tǒngyī Zhōngguó. Yuáncháo chíxù le 98
年，是中国疆域最大的时期。
nián, shì Zhōngguó jiāngyù zuì dà de shíqī.

Genghis Khan："Beloved Son of Heaven"

In the early part of the 13th century, Genghis Khan conquered and united the Mongol's disintegrating tribes on the Mongolian Plateau and brought it to a moment of greatness. After the unification of the Mongol's nation, he led his powerful cavalry to carry out successive military adventures. In a period of several decades, his Mongolian troops pushed west and occupied Central Asia, Eastern Europe and the north of Iran. Genghis then founded the big, powerful Great Khan of Empire, straddling Asia and Europe. In 1271 Kublai Khan, grandson of Genghis, became the Mongol leader and set up the Yuan Dynasty in Beijing. Eight years later, he completed the conquest of China. China in the Yuan Dynasty which was destined to remain for nearly a century was the largest country in Chinese history.

成吉思汗像／杜泽泉 摄影

第24课 施耐庵和《水浒传》

《水浒传》讲述的是北宋末年一些英雄好汉被逼上
《Shuǐhǔzhuàn》 jiǎngshù de shì Běisòng mònián yìxiē yīngxióng hǎohàn bèi bīshàng
梁山起义造反的故事。《水浒传》成功地塑造了众多栩栩如
Liáng Shān qǐyì zàofǎn de gùshi. 《Shuǐhǔzhuàn》 chénggōng de sùzào le zhòngduō xǔxǔ rú
生的人物形象,如武松、鲁智深、林冲等,讴歌了反抗精神。
shēng de rénwù xíngxiàng, rú Wǔ Sōng, Lǔ Zhìshēn, Lín Chōng děng, ōugē le fǎnkàng jīngshen.

Shi Nai-an and His *Outlaws of the Marshes*

Shui Hu (Outlaws of the Marshes) tells a story of rebellion of some Robin Hood-type men in the late Northern Song Dynasty who were forced by government oppression and social injustice to encamp in a mountain fortress, Liangshan, by lakes and rivers. It presents an enormous cast, all but the characters come across as distinct personalities, such as the Martial Arts Master Wu Song, the Tattooed Monk Lu Zhi-shen, Arms Instructor Lin Chong. All of them are portrayed in great details in the story.

EMINENT FIGURES IN CHINESE HISTORY

江苏盐城施耐庵雕塑／白明 金成 摄影

第25课 罗贯中和《三国演义》

东汉末年和三国时代，社会发生剧烈动荡，涌现出一大批杰出的政治家、军事家和文学家。元末明初，文学家罗贯中创作出一部将近80万字的长篇小说《三国演义》。

《三国演义》创造出大量斗智斗勇、奇特惊险、变幻莫测的故事情节，塑造出一批性格鲜明的人物，如诸葛亮、关羽、张飞、赵云、曹操、周瑜等。

Luo Guan-zhong and His *Romance of the Three Kingdoms*

The period of the Three kingdoms followed the overthrow of the Eastern Han Dynasty. The country was suffering from the tremendous turmoil of war among the warlords, many of whom were brilliant statesmen, military commanders, and writers. Their stories went into historical records and also spread among the masses. These stories, however, were not complete until the coming-out of the work of Luo Guan-zhong, the Ming novelist, who learned from operas and folks and compiled a cycle of stories, known as Romance of the Three Kingdoms. The book, 800,000 words in length, was one of the greatest literary classics and was based on the history of the Three Kingdoms.

The novel contains a wealth of historical details on the political and military struggles, and is noted for the many distinctive characters described in it, among them the strategist Zhu-ge Liang, the upright and daring generals Guan Yu, Zhang Fei, and Zhao Yun of the Kingdom of Shu, Cao Cao, a cunning statesman and commander of the Kingdom of Wei, Zhou Yu, the shrewd and intelligent chief commander of the Kingdom of Wu, etc.

EMINENT FIGURES IN CHINESE HISTORY

刘备三顾茅庐,请到诸葛亮

第26课 郑和下西洋

郑和是明代皇宫中的太监。1405年~1433年28年间,
Zhèng Hé shì Míngdài huánggōng zhōng de tàijiān. 1405 nián ~ 1433 nián 28 nián jiān,
郑和奉皇帝之命率领船队七次出使西洋。郑和船队
Zhèng Hé fèng huángdì zhī mìng shuàilǐng chuánduì qīcì chūshǐ Xīyáng. Zhèng Hé chuánduì
到过越南、印度尼西亚、马来西亚、印度等国,最远曾到达东非的
dàoguo Yuènán、Yìndùníxīyà、Mǎláixīyà、Yìndù děng guó, zuì yuǎn céng dàodá Dōngfēi de
索马里和肯尼亚。郑和下西洋,反映了明代中国高超的航海
Suǒmǎlǐ hé Kěnníyà. Zhèng Hé xià Xīyáng, fǎnyìng le Míngdài Zhōngguó gāochāo de hánghǎi
技术,建立了中国和亚非许多国家的联系,也是古代世界航海史
jìshù, jiànlì le Zhōngguó hé Yà Fēi xǔduō guójiā de liánxi, yě shì gǔdài shìjiè hánghǎi shǐ
上的壮举。
shang de zhuàngjǔ.

Great Navigator Zheng He

Zheng He is an eunuch in the imperial palace of the Ming Dynasty. During the 28 years from 1405 to 1433, he led a fleet to serve as an envoy to the Western Seas seven times under the order of the emperor. The fleet had reached many countries, such as Viet Nam, Indonesia, Malaysia and India, as far as Somalia and Kenya of the Eastern Africa. Zhen He's voyage to the Western Seas had reflected China's superb navigation of the Ming Dynasty, after which China had established relations with many Asian and African countries. It is also a great exploit in the world's ancient navigation history.

EMINENT FIGURES IN CHINESE HISTORY

郑和石像

第27课 吴承恩和《西游记》

吴 承恩 是 明代 小说家, 他 写 的《西游记》里的 故事,在 中国
Wú Chéng'ēn shì Míngdài xiǎoshuōjiā, tā xiě de《Xīyóujì》li de gùshi, zài Zhōngguó
家喻户晓。
jiā yù hù xiǎo.

《西游记》中 的 主人公 孙 悟空 是 个 理想化 的 英雄。 他 疾恶
《Xīyóujì》zhōng de zhǔréngōng Sūn Wùkōng shì ge lǐxiǎnghuà de yīngxióng. Tā jí è
如仇, 武艺 高强。 他 保护 唐 僧 去 西天（印度）取经，和 猪 八戒、沙
rú chóu, wǔyì gāoqiáng. Tā bǎohù Táng Sēng qù Xītiān (Yìndù) qǔjīng, hé Zhū Bājiè、Shā
和尚 一道，战胜 了 许许多多 妖魔 鬼怪，闯过 了 九九 八十一 难，
Héshang yídào, zhànshèng le xǔxǔ-duōduō yāomó guǐguài, chuǎngguò le jiǔjiǔ bāshíyī nàn,
终于 帮助 唐 僧 取到 了 佛教 真经。
zhōngyú bāngzhù Táng Sēng qǔdào le fójiào zhēnjīng.

Wu Cheng-en and His *Pilgrimage to the West*

Wu Cheng-en was a novelist in the Ming Dynasty, his Xi You Ji (Pilgrimage to the West) was one of the great literary classics which has long been popular with the Chinese people.

A comic novel dealing with Xuan-zang's trip to India, the story tells how Xuan-zang (known as Tripitaka) and his disciples (three animal spirits)——Sun Wu-kong ("Monkey King"), Zhu Ba-jie ("Pigsy") and Friar Sand ("Sandy") ——took a long journey to the "West Heaven" (i.e. India) in search of sacred texts. They met numerous devils and overcame "eighty-one adventures" and succeeded in reaching their destination and in bringing the sacred texts back to China. Among Xuan-zang's disciples, Monkey King is the most loved character in the fiction. Daring and resourceful, he hates oppression and desires for justice.

EMINENT FIGURES IN CHINESE HISTORY

彩色动画片《大闹天宫》/李淼 摄影

第28课 李时珍和《本草纲目》

李时珍是明代著名的医药学家。他在行医采药、治病救人的
Lǐ Shízhēn shì Míngdài zhùmíng de yīyàoxuéjiā. Tā zài xíngyī cǎiyào、zhìbìng jiùrén de
同时，耗费了30年的心血，编撰出药物学巨著《本草纲目》。
tóngshí, hàofèi le 30 nián de xīnxuè, biānzhuàn chū yàowùxué jùzhù 《Běncǎo Gāngmù》.
《本草纲目》一共记录了1892种药物，附录了11096个药方，是
《Běncǎo Gāngmù》 yígòng jìlù le 1892 zhǒng yàowù, fùlù le 11096 ge yàofāng, shì
中国古代药物学集大成之作，被誉为中国药物学的百科全书。
Zhōngguó gǔdài yàowùxué jí dàchéng zhī zuò, bèi yùwéi Zhōngguó yàowùxué de bǎikē quánshū.

Li Shi-zhen and His *Ben-cao Gang-mu*

    Li Shi-zhen was a famous pharmacologist during the Ming Dynasty. While practising medicine and collecting the specimens of medical herbs, Li soon came to feel the need for a better understanding of the principles in treating disease. So he devoted himself to the task of compiling a new edition of the pharmacopoeia known under the generic name of Ben-cao Gang-mu (Compendium of Materia Medica). In order to complete this masterpiece, Li proceeded on his own, consulting many books, reviewing a vast quantity of literature and, wherever he happened to be, collecting necessary pharmacognostic specimens. The result was the Ben-cao Gang-mu, a voluminous work which took him thirty years to accomplish. The book contains 1,892 descriptions and 11,000 prescriptions. It is generally considered as an encyclopaedia of pharmacology in ancient China.

李时珍采药图

第29课 戚继光抗倭

14~16世纪，日本处于战国时期。在混战中失败的溃兵、破
14~16 shìjì, Rìběn chǔyú Zhànguó shíqī. Zài hùnzhàn zhōng shībài de kuìbīng、pò-
产的封建主、武士、浪人流亡海上，靠抢掠为生。这些日本人
chǎn de fēngjiànzhǔ、wǔshì、làngrén liúwáng hǎishàng, kào qiǎnglüè wéi shēng. Zhèxiē Rìběnrén
不断侵扰中国东南沿海，中国人称之为倭寇。1544年戚
búduàn qīnrǎo Zhōngguó dōngnán yánhǎi, Zhōngguórén chēng zhī wéi wōkòu. 1544 nián Qī
继光受命率领军队抗击倭寇。他英勇善战，身先士卒，
Jìguāng shòu mìng shuàilǐng jūnduì kàngjī wōkòu. Tā yīngyǒng shànzhàn, shēn xiān shì zú,
率领戚家军转战浙江、福建等地，到1565年，基本消除了东南
shuàilǐng Qījiājūn zhuǎnzhàn Zhèjiāng、Fújiàn děng dì, dào 1565 nián, jīběn xiāochú le dōngnán
沿海的倭患。
yánhǎi de wō huàn.

Anti-Japanese Hero Qi Ji-guang

From 14th to 16th century, Japan was in its warring period. A pirate group, known as wokou, consisting of the remnants from the battle (landlords, feudal warriors, and loafers), frequently attacked and plundered southeast China. In 1544, general Qi Ji-guang was entrusted by the Ming government to lead his army against Japanese marauders. Qi was famous for his bravery and often charged at the head of his men. By 1565 the militiamen under his command, known as Qi Jia Jun ("Qi Army"), cleared the Zhejiang and Fujian coast of the Japanese marauders.

EMINENT FIGURES IN CHINESE HISTORY

山东省蓬莱市水城戚继光铜像／姜玉彬 摄影

第30课　郑成功收复台湾

1624年，荷兰殖民者入侵台湾，此后在台湾盘踞了38年。1661年郑成功决计率大军收复台湾。同年3月23日，郑成功率战舰350多艘，将士25000人从厦门、金门出发，渡过台湾海峡，于4月1日到达台湾。经过8个月的浴血奋战，终于迫使荷兰殖民者签订了投降书。从此，台湾又回到祖国怀抱。

Zheng Cheng-gong Establishing Control over Taiwan

In 1624 a part of Taiwan was forcibly occupied by Dutch colonialists. Their rule in Taiwan lasted for 38 years. On March 23, 1661, Zheng Cheng-gong, with his fleet of 350 ships and 25,000 men, set out from Quemoy and Amoy in Fujian and crossed the strait to Taiwan. On April 1, Zheng's fleet landed on the island and attacked the shore of Taiwan. After a bloody battle of eight months, Dutch troops were defeated and signed an agreement of surrender. Taiwan once again returned to the embrace of our motherland.

EMINENT FIGURES IN CHINESE HISTORY

郑成功收复台湾图

第31课 林则徐虎门销烟

19世纪初以来,英国殖民主义者源源不断地向中国走私
19 shìjì chū yǐlái, Yīngguó zhímínzhǔyìzhě yuányuán búduàn de xiàng Zhōngguó zǒusī
鸦片。林则徐看到鸦片泛滥的严重危害,上奏皇帝立即禁烟。
yāpiàn. Lín Zéxú kàndào yāpiàn fànlàn de yánzhòng wēihài, shàng zòu huángdì lìjí jìnyān.
1838年12月,道光皇帝任命林则徐为钦差大臣,赴广东
1838 nián 12 yuè, Dàoguāng huángdì rènmìng Lín Zéxú wéi qīnchāi dàchén, fù Guǎngdōng
禁烟。林则徐不辱使命,在广东开展了一场轰轰烈烈的禁烟
jìnyān. Lín Zéxú bù rǔ shǐmìng, zài Guǎngdōng kāizhǎn le yì chǎng hōnghōng-lièliè de jìnyān
运动。林则徐收缴了英、美等国鸦片贩子两万多箱鸦片,于
yùndòng. Lín Zéxú shōujiǎo le Yīng、Měi děng guó yāpiàn fànzi liǎng wàn duō xiāng yāpiàn, yú
虎门海滩全部销毁。
Hǔmén hǎitān quánbù xiāohuǐ.

Lin Ze-xu Burning Opium at Humen

Since the 19th century, with a view to plundering China, the British bourgeoisie determined to grab the Chinese market. They persistently pursued the sale of the poisonous opium to the Chinese people. Lin Ze-xu was conscious of the ruinous effect of the opium trade and firmly demanded that the imperial court of Qing ban opium. In Dec., 1838 Emperor Dao-guang appointed him as Imperial High Commissioner and sent him to Canton to ban the opium trade. Lin accomplished his commission. Shortly after he arrived in Canton, he carried out energetic and justifiable proceedings against the opium trade. Finally the British and American merchants were forced to surrender over twenty thousand chests of opium. On June 3, 1839, Lin Ze-xu ordered all of the opium stocks burned on the beach at Humen in Canton.

EMINENT FIGURES IN CHINESE HISTORY

民族英雄林则徐坐像／姜永刚 摄影

第32课　谭嗣同变法献身

谭嗣同是"戊戌变法"的积极参与者。1898年9月，变法维新遭到
Tán Sìtóng shì "Wùxūbiànfǎ" de jījí cānyùzhě. 1898 nián 9 yuè, biànfǎ wéixīn zāodào
以慈禧太后为首的保守势力的镇压。谭嗣同本来有机会逃生，
yǐ Cíxǐ tàihòu wéishǒu de bǎoshǒu shìlì de zhènyā. Tán Sìtóng běnlái yǒu jīhuì táoshēng,
但是他放弃了，甘愿以生命唤醒沉睡的祖国和麻木的
dànshì tā fàngqì le, gānyuàn yǐ shēngmìng huànxǐng chénshuì de zǔguó hé mámù de
人们。他慷慨赴死的爱国精神，极大地鼓舞了后人。
rénmen. Tā kāngkǎi fùsǐ de àiguó jīngshen, jí dà de gǔwǔ le hòurén.

Tan Si-tong: He Died For the 1898 Reform

In June 1898 Emperor Guang-xu decided to carry out the reform all over the country. Because the reform movement occurred in the year of "Wu-Xu" in the lunar calender, it was also known as "Wu-Xu Reform." In Sept., 1898, the reform movement was disrupted by a group of die-hards headed by Empress Dowager Ci-xi who had the actual power in the Qing court. Tan Si-tong was one of the main advocates of reform. He gave up the opportunity to flee China and was prepared to be the first martyr in the cause of reform in modern Chinese history. By doing so he intended to awaken those people insensitive to reform. His death, however, encouraged greatly other reformists to seek a new way for China's prosperity.

EMINENT FIGURES IN CHINESE HISTORY

谭嗣同慷慨赴死／杨可千 画

第33课　民主革命的先驱孙中山

1894年，孙中山创立中国第一个资产阶级革命团体——兴中会。1905年，孙中山在日本建立了中国第一个资产阶级政党——同盟会。孙中山领导了8次武装起义，推动了民主革命进程。1911年10月10日，武昌起义爆发，腐朽的清朝封建统治被推翻。12月，孙中山被推选为临时大总统。孙中山的历史功绩是推翻了帝制、建立了共和，使中国历史翻开了新的一页。

Sun Yat-sen: Father of Bourgeois Democratic Revolution

In 1894, Sun Yat-sen went to Honolulu and founded among Chinese there Xing Zhong Hui (Revive China Society), a forerunner of the secret revolutionary groups that he later headed. In 1905 Dr. Sun unified a number of revolutionary organizations into one revolutionary party known as Tong Meng Hui (Revolutionary League). The revolutionary groups under his leadership had attempted eight armed uprisings, which provided a base for future struggles. On Oct. 10, 1911, Wuchang, a key industrial city on the middle Yangtze, rose in revolt. The decayed feudal of the Qing Dynasty was overthrown. In Dec. 1911, Sun Yat-sen was elected provisional president of China. He is remembered as the great pioneer of China's democratic revolution. Under his leadership, Chinese People overthrew the autocratic monarchy and established a republic state. A new page was opened in the Chinese history.

EMINENT FIGURES IN CHINESE HISTORY

孙中山与宋庆龄

第34课　新中国的缔造者毛泽东

毛　泽东　(1893—1976)领导　中国　　人民　经过　土地 革命　战争、
Máo Zédōng (1893 - 1976) lǐngdǎo Zhōngguó Rénmín jīngguò tǔdì gémìng zhànzhēng、
抗日　战争、　　解放　战争,　建立 了 中华　　人民　共和国,　　结束 了
kàngrì zhànzhēng、jiěfàng zhànzhēng, jiànlì le zhōnghuá Rénmín Gònghéguó, jiéshù le
中国　　近代 100 多　年　受　封建　压迫　和　外国　侵略　的 历史。
Zhōngguó jìndài 100 duō nián shòu fēngjiàn yāpò hé wàiguó qīnlüè de lìshǐ.

Mao Ze-dong: Founder of the New China

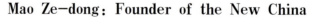

Under the leadership of Mao Ze-dong (1893-1976), Chinese People had gone through the Agrarian Revolutionary War, War of Resistance Against Japanese Aggression, War of Liberation, and established the People's Republic of China. The establishment of the People's Republic of China declared to the entire world that the history of Chinese people being oppressed by feudalism and invaded by imperialism had come to an end.

EMINENT FIGURES IN CHINESE HISTORY

毛泽东在天安门城楼

第35课　中国改革开放的总设计师邓小平

世人都知道，在最近20多年里，中国发生了巨大变化。出现变化的原因，是中国实行了改革和开放。改革开放的总设计师，就是当时的国家领导人邓小平。他是一位伟大的领导者，又是一位伟大的战略家。

Deng Xiao-ping: Chief Architect of China's Reform and Opening Policy

As we all know, China has changed profoundly during the last twenty years. This can only be attributed to the new policy of reform and opening to the outside world. The chief architect of China's reform and opening policy is Deng Xiao-ping who has led China into a new epoch. Deng Xiao-ping is not only a great revolutionary leader, but also one of the greatest strategists in the arena of international politics.

邓小平／张宝忠 学文 摄影

（京）新登字 157 号

图书在版编目（CIP）数据

华夏春秋/张英编；傅勇译.
—北京：北京语言大学出版社，2002
（中国那个地方）
ISBN 7 - 5619 - 0933 - 0

Ⅰ.华…
Ⅱ.①张… ②傅…
Ⅲ.对外汉语教学-语言读物-汉、英
Ⅳ.H195.5

中国版本图书馆 CIP 数据核字（2001）第 11043 号

责任印制：乔学军
出版发行：北京语言大学出版社
社　　址：北京海淀区学院路 15 号　邮政编码 100083
网　　址：http://www.blcup.com
印　　刷：北京地大彩印厂
经　　销：全国新华书店
版　　次：2002 年 11 月第 1 版　2002 年 11 月第 1 次印刷
开　　本：889 毫米×1194 毫米　1/24　印张：3.5
字　　数：10 千字　印数：1—2000 册
书　　号：ISBN 7 - 5619 - 0933 - 0/H・01020
全套定价：120.00 元
发行部电话：010—82303651　　82303591
　传真：010—82303081
E-mail: fxb@blcu.edu.cn